イギリス人の部屋はなぜ物が多くても素敵なのか

インテリアデザイナー　飯沼朋子

飛鳥新社

あなた好みの
〝足すインテリア〟はどれ？

心地よいインテリアの秘訣は、モノを減らすことではなく「足すこと」。意外に思うかもしれませんが、実はこれこそがインテリアの鍵なのです。では、「足すインテリア」とはなんでしょうか？

次ページから登場する４つの部屋はすべて同じ部屋です。しかし、部屋にモノや色を少しずつ「足す」ことで表情が変わり、違った印象が生まれます。

あなたが「これが好み！」と思う足し方の部屋はどれでしょうか？


４つの部屋を見比べながら、「同じ部屋でもこんなに違う」「足すって面白い」「足してもゴチャゴチャに見えないんだ」と感じていただければと思います。

そして、自分の好みを発見してみてください。

好みをもとに、心地よくオシャレな部屋をつくっていくことができます。

また、４つの部屋は「本当の好みがわかるワーク」（151ページ）にも登場します。

「足すインテリア」の内容とノウハウについてはChapter１～４で詳しく解説していますので、ぜひお読みください。

room 1

白っぽい部屋

色やモノが少ないミニマリスト的な部屋。

room 2

ベーシックな色あいの部屋

ベージュやグレーなどベーシックな色あいの部屋。パーソナルチェア、ラグ、クッションなどが足されている。

room 3

彩りが感じられる部屋

オレンジと青が印象的な部屋。
アートやランプなどが足されている。

カラフルな部屋

room 4

壁にも色があり、2人がけのソファやたくさんの小物が足された、
マキシマリスト的な部屋。

カラーチャートで選ぼう。
好みの色があなたのセンス

４つの部屋の中には、あなたの好きな色あいがなかったかもしれません。あなたは次の中でどの色が好きですか？　このカラーチャートを使うと、好きな色や今の部屋の色と相性のよい色を見つけることができます。

より詳しくはChapter3をご覧ください。あなたの好みやセンスを「見える化」していきます。

インテリアの色に使いやすい70色のカラーチャート

contents

Chapter 1

なぜ、「足すインテリア」を日本人にすすめるのか？

Chapter 2

「フォーカルポイント」をつくればインテリアはうまくいく

Chapter 3

あなたのセンスを「見える化」する
―私らしい部屋のつくり方―

Chapter 4

「壁」「床」「照明」「カーテン」をちょっと変えるだけ！

―プチリフォームのすすめ―

本文イラスト／植田里香

編集協力／塚本佳子　大西華子

校正／矢島規男

写真協力／アンドトラディション（林物産）

ルイゴースト　カルテル（トーヨーキッチンスタイル）

株式会社エーディコア・ディバイズ

撮影協力／ナショナル物産株式会社 ナショナルインテリア

はじめに　ご自宅のインテリアデザイナーはあなた

ご自宅は好きですか?

ちらかっていても、インテリアがイマイチでも、やはり家は落ち着く場所。疲れて帰ってきても、外でイヤなことがあっても、部屋に帰るとホッとしますよね。

そんな大切な場所をよくしたいと思うのは、だれにとっても当然のことでしょう。

ただ、

・めんどくさい
・どこから手をつけていいかわからない
・お金をなるべくかけたくない

と、なんとなくそのままにしている人が多いようです。


ですが、この本を手に取られたということは、何かしらのインテリアの知識を得て行動したいと思っているということでしょう。

ぜひその気持ちを大切にしてください。


なぜなら、好むと好まざるとにかかわらず、ご自宅のインテリアデザイナーはあなただからです。

いまのあなたの部屋も、すでにあなたがデザインしたものです。そして、これからも、あなたがつくったデザインの中で過ごすことになります。

それなら、できるだけ気持ちよく暮らしたいですよね。一度きりの人生、あなたにふさわしいすてきな舞台（部屋）を用意してあげましょう。

イギリスには「私はインテリアデザイナーになれる」と思っている人がたくさんいます。

それはプロのように最初からプランニングできるということではありません。楽しく創意工夫をしているうちに、「あれ、私の家ってなんだかとってもすてき！　私ってインテリアデザイナーの才能があるんじゃない!?」という心境になるのです。

そうなったらしめたもの。そこに至るまでのプロセスも楽しいものですが、結果として自分の過ごす舞台（部屋）を好きになることは、自分のライフスタイルに自信を持つことにつながります。

また、興味があることには意識が向かうので、自然にインテリアのセンスも磨かれていきます。

ムダなモノを買わなくなり、片づけもできるようになります。人を呼べるようにもなります。

いろいろなことがいい循環でまわりはじめます。

片づけても部屋がおしゃれにならないあなたへ

「自宅では私がインテリアデザイナー」

そう思ってインテリアを整えていきましょう。本書でうまくいく考え方やテクニックを身につければ大丈夫です。

そのうち、イギリス人のように「私、プロのインテリアデザイナーになれるかも」と思うようになるかもしれません。

みなさんは、自分の部屋に居心地の悪さを感じていたり、インテリアがイマイチと感じたら、どうされますか？　なんとかモノを減らしてすっきりさせることで解決しようとされる方が多いのではないでしょうか。

しかし、現実的になかなかモノは減らせませんし、モノを減らしたからおしゃれになるとも限りません。

本書ではモノを「捨てる」のではなく、あえて「足す」ことでまとまりのあるおしゃれな部屋をつくる方法を伝授します。

「部屋がなんだかしっくりこない」と思っているなら、「足すインテリア」で解決できます。

日本ではモノを「減らす」ことが推奨されがちですが、それとは逆の発想です。

でも、「足すインテリア」を取り入れることで、次のような部屋が手に入ります。

- おしゃれなのに暮らしやすい部屋
- 実用的で暮らしやすい部屋

・モノはそれなりにあるのにすっきり見える部屋
・心地いい部屋
・あなたらしい部屋
・おうち時間が楽しくなる部屋
・心から幸せを感じられる部屋

部屋にモノが多いことやテイストがバラバラなことも、実は「足す」インテリアの視点で整えれば、個性やほどよい生活感として魅力に変わります。

だれでも、「家が大好き！」と言える部屋に住みたいですよね。

インテリアを整えるということは、心を整えることです。心が整うと、リラックスして前向きな気持ちになり、自信にもつながり、人生を好転させられます。

「足すインテリア」の詳しい説明は、Ｃｈａｐｔｅｒ1からお伝えします。


はじめまして。

飯沼朋子《いいぬまともこ》と申します。

インテリアデザイナーとして、リフォーム設計をしたりインテリアコーディネートの仕事をしたりしています。また、一般の方やプロの方、プロを目指す方に、これまで培ってきたノウハウをお伝えする講師もしています。

私は日本のスクールとイギリスの名門校でインテリアデザインを学びました。

イギリスは、自由な発想を大切にしていて、「足すインテリア」や独創的なアイデアに驚かされました。イギリスのインテリアで、もっとも印象深いのは、「正解がないこと」。それが、インテリアデザインの楽しさにつながっている印象です。

いまでも展示会シーズンなど可能なかぎりイギリスに行っていますが、現地のインテリアデザイナーと交流し、その情熱に触れることはとても刺激的な時間です。

そして、なんといっても驚くのは、デザイナーのみならず、一般のイギリス人たちのインテリアに対する関心の高さ、レベルの高さです。彼らはつねに新しいアイデアを追求し、ちょっとした「模様替え」をたびたびしています。

イギリスにも狭い部屋はたくさんある

「いや、日本の家は狭いから、イギリスとは違うのでは?」と思う方がいるかもしれませんが、実はイギリスにも小さな部屋はたくさんあります。

イギリス人は小さなスペースをcosy（=居心地のよい）な場所にするのも上手です。イギリス人が考える幸せな住まいの条件は広さではなく、居心地のよさです。

ですので、たとえ部屋が狭くても、モノが多くても、持っている家具や雑貨のテイストがバラバラでも、賃貸に住んでいても大丈夫です。

イギリス人がどのように住まいを整えているかというノウハウを、日本で実現しやすい方法でお伝えしていきたいと思います。本書のタイトルにもある「イギリス人の部屋はなぜ物が多くても素敵なのか」の理由でもあります。

そして、実はインテリアをすてきにすると、暮らしやすくもなるのです。

なぜなら、

「必要なモノを、どうすてきに見せるか」

ということを考えてきたのが、イギリスをはじめとするヨーロッパ諸国のインテリアの歴史そのものだからです。

イギリスは、とりわけインテリアへの情熱が強い国です。ヨーロッパでよく知られているこのような表現があります。

・イタリアは食い道楽（Italy is for eaters）
・フランスは着道楽（France is for dressers）
・イギリスは住道楽（England is for dwellers）

イギリス人が住空間を整えることで感じている喜びや幸せを見るにつけ、私たち日本人もそのようにできたらすてきだな、幸せな人が増えるな、と思っています。それがこの本を書いた理由です。

イギリスは、インテリア雑誌の種類も多く、テレビでは部屋改造やDIYの番組が大人気です。

でも、雑誌にしてもテレビにしても、「北欧スタイル」や「ナチュラルスタイル」など、「〇〇スタイル」のような、日本みたいな言い方はあまり見かけません。

「私は〇〇からインスピレーションを得た」

「これは私のお気に入り」

「これとこれを合わせてみたの、すてきでしょう?」

と、「〇〇スタイル」とは言い表すことができない「私スタイル」のオンパレードです。

結果として多くのイギリス人は、「自分はインテリアデザイナーになれる」と思っています。イギリスのユーチューブなどを見ても、「よくそんなに話すことがあるなぁ」と感心するくらい、一般の人たちでも自宅のインテリアについて語っています。

1つひとつのインテリアについて「ここが気に入っている！」というポイントを説明しているのです。

こんなふうに、自信を持って自宅のインテリアを語ることができたら、楽しいと思いませんか？

「居心地がいい！」と感じるインテリアが正解

「イギリス」と言うと、「イギリススタイルのインテリア」、たとえば、「重厚感のあるアンティーク家具を用いたインテリア」などをイメージする方もいるかもしれませんが、そうではありません。

どんな部屋でも、あなた自身が「目と心が楽しい！」「居心地がいい！」と感じられるインテリアが正解であり、本書はそれを実現するためのガイドラインです。


必要なモノ、美しいと感じるモノは人それぞれ異なります。

みなさんの好みのインテリアでかなえられる、インテリアのノウハウとして読み進めていただければと思います。


たくさんの例を織り交ぜていくので、インテリア初心者も、センスに自信のない人も安心して読み進めてくださいね。

さあ、家にいるのが楽しくて、うれしくて、心から幸せを感じられる理想の部屋を、一緒につくっていきましょう。

Chapter 1

なぜ、「足すインテリア」を日本人にすすめるのか？

イギリスのインテリアは「足す」インテリア

この本でお伝えする「イギリス流インテリア」とは、イギリススタイルのインテリア（たとえば、重厚感のあるアンティーク家具を用いたインテリア）のことではないとお伝えしました。

ここで言う「イギリス流」とは、家にモノを「足す」ことで、心地よい空間をつくるインテリアです。

「え、ただでさえモノが多いのに足したくない」
「すっきりした空間が好きだから足さなくていい」
という声が聞こえてきそうです。

実はイギリスでも最近は、すっきりしたモダンな部屋が人気です。部屋も決して広くなく、都市部では、日本と同様に限られたスペースでの工夫が必要です。
それでも日本の一般的な住まいに比べると、確実に「足して」あるのです。
足されているのは、具体的には、次のようなものです。

・家具
・ファブリック（クッションやカーテンなどの布製品）
・インテリア小物（置き物、オブジェ、フォトフレーム、キャンドルスタンド、本など）
・ランプ
・アート
・ミラー
・素材（異素材や素材感）
・色
・柄
・光の陰影（照明で灯りが照らされることによりできる影など）

さらには、

・個性、思い出

・その家独特の空気感

といった、家主に関連するものだったりします。

アートやランプ、色などいろいろ足されている。

長年多くのお宅を見てきましたが、こういったモノを組み合わせて足していくことで、確実にすてきな部屋に変わっていきます。

私の仕事は、「いかに足すか」といっても過言ではないでしょう。

「フォーカルポイント」をつくるだけでもいい

特に部屋に「最初に視線が行く場所」がしっかりつくってあると、第一印象がグッとよくなり、すてきな部屋に見えます。

「最初に視線が行く場所」とは、玄関のドアを開けると見える正面の壁、リビングに入ったときに目が向かう場所、あるいはトイレに入った際の正面の壁などです。

正面にかぎらず、目を引く美しいインテリアや飾りつけがあればそこに最初に目が行きます。これが、「フォーカルポイント」です。

そして、モノがたくさんあるのに、ごちゃごちゃしている印象はなく「なんだかおしゃれ」な家もイギリスにはたくさんあります。いわゆる「外国っぽい」感じです。そのようなインテリアを目指したい人もいるでしょう。

ドアを開けたときに最初に目が行くフォーカルポイント。

その場合も、キャビネットの上の写真や置き物、壁いっぱいのアート、たくさんの色や柄の布製品など、もちろんたくさん「足して」います。

ですが、**ただモノを足しているのではなく、「視線が行く場所」をいくつもつくっていて、モノが多い中にもメリハリをつけている**のです。

こういったアイテムは最初から計画的に置かれたものばかりではなく、時間が経つにつれ、少しずつ増えていくことがよくあります。

部屋に飾る写真がわかりやすい例です。

自分や家族の写真が時間と共に増えていき、目に入るたびに楽しかった思い出がよみがえってきてホッコリしますよね。

「足す」ことにより、目と心を楽しませるアイテムを少しずつ増やしていくのはインテリアの楽しみの1つです。

1つずつ足していくことでインテリアをつくり上げていく――。

「足す」とは、あなた、そして家族の歴史の積み重ねでもあります。

イギリスの「足す」インテリア。目線が行く場所がたくさんつくられている。

「引き算」の美学を持つ日本人

一方で、私たち日本人はどうしても引こう、引こうとしてしまいます。なぜなら、日本人は、文化的に引き算の美学を持つ民族だからです。

日本風の家屋には、柱やふすま、障子、畳などで縦横のラインがたくさん存在し、建った時点ですでにインテリアデザインが完成しています。

一方、イギリスなどヨーロッパ諸国の場合、家を建てた時点では、白い壁と白いドアしかない、のっぺらぼうの状態です。

だからこそ、家具や布製品で利便性や快適性を整え、壁の色や柄、インテリア小物などによって部屋を部屋らしくつくっていく必要があります。「足し算」のインテリアが発展した理由です。

次のイラストを見れば、インテリアデザインのスタートが違うことは一目瞭然ですよね。

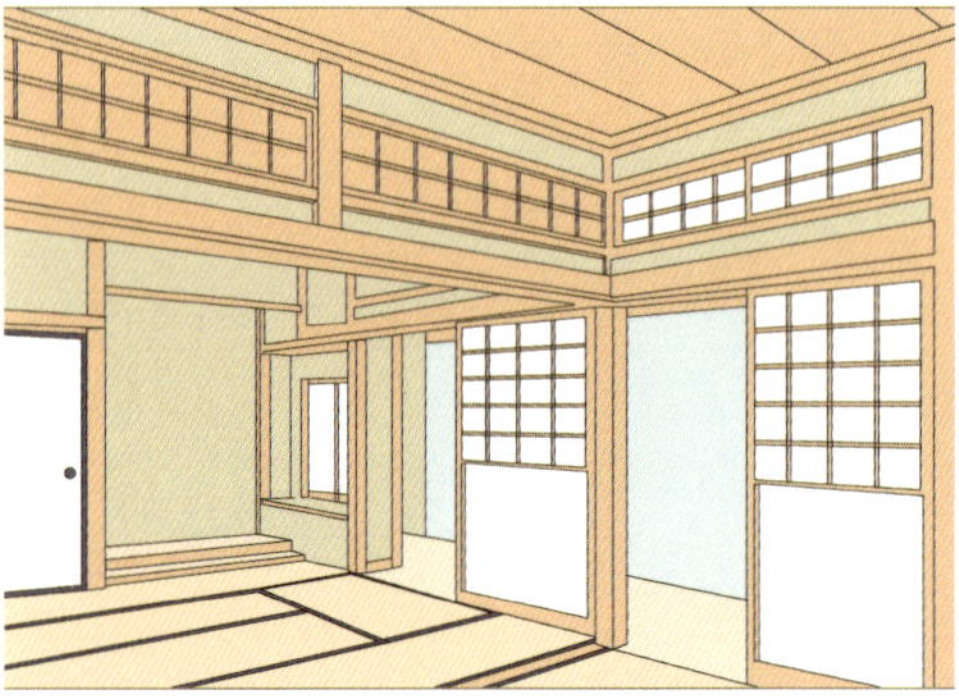

和室。この時点でインテリアがほぼ完成している。

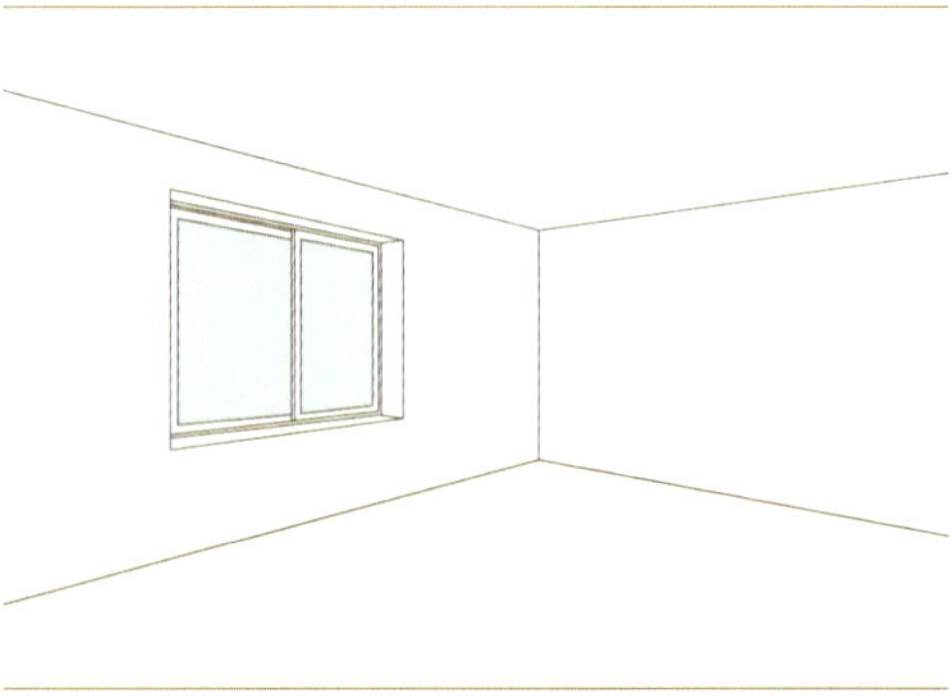

洋室。何もない！ すべてがこれから。

洋風の部屋は真っ白いキャンバス

この本を手に取られた多くの人は、和室がほとんどない、洋風の暮らしをしていると思います。

洋風の部屋は、絵画にたとえるなら、真っ白なキャンバスです。どんなモノや色を足していくかは住む人次第。すべてをあなた色に染められます。イギリス人は、そこにワクワクした楽しさを感じています。

ところが、私たち日本人は、「引き算」を美学としてきたため、好きにインテリアをデザインしていいよ、と言われても、「どこ」に「何」を「どうやって」配置し、「何」を「どう」飾ったらいいのか迷ってしまうのです。

そして、部屋をすっきりさせることを考えてしまいがちです。

実際、多くの日本人は「片づけさえすればすてきな部屋になるはず」と思いがちですが、実はそれだけではおしゃれで居心地のいい部屋にはなりません。

インテリアがうまくいかないのは、洋風の暮らしをしているのに、日本の「引き算」の美学を実践しようとしているからなのです。

そうではなく、「インテリアは足すことでうまくいく」と意識してみてください。

モノを足すほどに、使い勝手がよくなったり、あなたらしさが際立って魅力的な部屋になっていきます。

日本人には日本人らしい美的センスがあります。

だからこそ、「足すこと」で自分のセンスを活かし、もっと豊かなインテリア空間をつくり出せるのです。

「足す」ことで
すべてのインテリアの悩みは解決する

実際、「足す」ことで解決できるインテリアの悩みはたくさんあります。
いくつかの事例をご紹介してみましょう。

悩み1●モノが多くてちらかっている

「モノが多いから部屋がちらかってしまう。でも、片づけは面倒……」
最も多い悩みかもしれません。やはり、足すと解決できることがあります。

【解決方法1】　視線が集まる場所を足す

「視線が行く場所（フォーカルポイント）」をつくる（33ページ参照）ことによって、ちらかっているモノに目線が行かないようにすることができます。

自分が持っているモノの中からお気に入りを見つけてインテリア用品にすれば、個性的で魅力的な部屋に仕上げるチャンスかもしれません。

【解決方法2】 収納家具を足す

モノが多くてちらかってしまう部屋は、そもそも収納家具が足りていないこともあります。

「部屋が狭くなるから家具を置きたくない」と考えてしまう「引き算」の発想が、収納家具を足すのをためらわせているのかもしれません。

高価な家具を買う必要はありません。もし押し入れやクローゼットに眠っている家具があれば、それを活用するのも手です。たとえば、高さ80センチくらいのチェストや収納家具です。

同時にその上をいろいろなモノで「飾る」舞台として考えます。

たとえば、アートやミラーなど大きめのモノを足すと映えます。

さらに、ランプ、花や観葉植物、本、写真、置き物など足すモノは自由です。

（スタイリングのコツはChapter3で詳しく説明します）

収納家具を足して、上を大きめのモノで飾ると一気に映える！

家具を足すことで、収納の実用面も見た目も整えることができ、心地よい暮らしにつながります。

【解決方法3】 壁に色や柄を足す

ほとんどの部屋は白っぽい壁紙が多いと思うのですが、赤、青、緑、濃いグレーなどはっきりした色や柄ものの壁紙にすると、その色柄の世界観に空間全体が包まれ、ちらかったモノが目立ちにくくなります。

柄を足す場合は壁紙を張り替え、色だけ変える場合は上からペンキを塗る方法もあります（212ページ参照）。子ども部屋にもおすすめです。

壁をはっきりした色にすると世界観がその色になり、ちらかったモノがそれほど気にならなくなる。

悩み2●部屋が狭い

「部屋が狭いから家具は増やせない」

気持ちはわかりますが、ここも「足し算」の発想で考えてみましょう。広い部屋はその分、多くの家具が必要ですが、狭い空間では少しの工夫でコストをおさえつつ、魅力的なインテリアをつくり上げることができます。

【解決方法4】 1人がけのイスを足す

部屋が狭くて大きなソファが置けない場合は、1人がけのソファかイスを置きましょう。

1人がけのイスだけでも十分ですが、そこにクッションやフロアランプ、アートなどを追加すると、部屋がよりイキイキとしてきます。特にフロアランプやアートは高さがあるため、空間に立体感を与えてくれます。

1人がけのイスを置くだけで空間に立体感が出て狭さがそれほど気にならなくなる。座り心地のよさそうなイスはお気に入りの場所に。

日本人には床に座る習慣もありますが、実は何もない床に直接座るよりも、ソファやイスを置いて座るほうが狭さが気にならなくなります。

また、アートやランプ、カーテンなど高さがあるアイテムを組み合わせると、空間が立体的になり、より豊かで魅力的に感じられます。

【解決方法5】 壁に個性を足す

狭い空間だからこそ、個性的にすることで部屋を魅力的にできます。

解決方法3（44ページ）のように色を足したり、壁にアートなどインテリア小物を足すことで、狭い空間の邪魔をすることなく独自のスタイルにすることができます。

思いきったデザインやカラーの使い方は、広い部屋より狭い部屋のほうが挑戦しやすいものです。狭くても大好きな部屋になるように整えましょう。

壁を個性的な壁紙にしたりアートを飾ったりすると、空間を邪魔することなく個性を出せる。

悩み3●すでにある安い家具が気に入らない

「ホームセンターで買った安い家具を使っているから、おしゃれな部屋にならない。でも買い替える予算はないし……」

こんなとき、「いっそないほうがいいのでは？」と処分してしまうのは「引き算」の考え方です。家具がないと不便ですし、部屋が物足りない印象になってしまうかもしれません。「足す」ことで解決してみましょう。

【解決方法6】 クッションを足す

たとえば、ソファがなんだか気に入らないという人は、ソファにクッションを足しましょう。クッションは腰当てという実用品でありながら、インテリア小物としてもとても優秀なアイテムです。

シンプルなTシャツとデニムだけでも、とてもおしゃれに見える人っていますよね。たいていは、服以外のバッグや靴、アクセサリーなど小物の組み合わせ方がうまいのです。

クッションもそれと同じで、クッションの色や素材、サイズなどを変えて組み合わせることで全体のバランスが整い、すてきな光景をつくることができます。

チープなソファでもクッションを足すことで、全体のバランスが整って雰囲気が出る。

【解決方法7】　小さいテーブルに小物を足す

「コーヒーテーブル」「センターテーブル」とは、ソファの前に置く小さめのテーブルのこと。リーズナブルなコーヒーテーブルの上に何も置かなければ、テーブルそのものが目立って、ちょっと殺風景な印象になってしまいます。

でも、**テーブルの上に季節の花を飾ったり、旅先で見つけた小物やお気に入りのキャンドルなどを足したらどうでしょう？**

すると、主役がテーブルの上にあるインテリア小物になり、テーブルそのものには視線が行かなくなります。

飾るものとしては、私の例で恐縮ですが、岐阜県に旅行に行ったとき、お土産に15センチほどの美濃焼のカエルの置き物を買い、コーヒーテーブル上に置きました。

また、写真集や読みかけの本をテーブルの上に重ねてみるのもいいアクセントになります。

イギリスには「本があってこそ部屋は部屋らしくなる」という格言があるくらい、本は「足す」ためのアイテムとして優秀です。本については188ページで詳しくお伝えします。

美濃焼のカエル。

悩み4●すっきりしているけれど、なんだか殺風景

ミニマリスト的なインテリアを実践している方に多い悩みです。モノが少ないのですっきりはしますが、のっぺらぼうの洋室の場合、モノを減らすほどに実用性と楽しさが失われていきます。

モノが少なくても少ないなりに「フォーカルポイント」をつくると、すてきな部屋になります。また、**「足す」とは形あるモノだけではなく、素材や色、柄、光の陰影などさまざまに足すこと**です。

【解決方法8】 植物を足す

シンプルな部屋に生命を吹き込んでくれるのはその名の通り、命があるモノです。季節の花や観葉植物を足すことで、部屋はイキイキとします。

【解決方法9】　クッションやラグで色や柄を足す

色や柄の入ったクッションやラグを足すことで、空間がぐっと華やぎます。もし、空間に色をあまり足したくない場合は、異なる素材感のアイテムを取り入れるだけで、空間に多様性と豊かさが加わります。

たとえば、部屋全体が白、グレー、ベージュで統一されているなら、あえて、やはり白、グレー、ベージュなどの色を何箇所かで取り入れることで、落ち着いた雰囲気を保てます。この場合、単調にならないように、異なる素材や柄を取り入れることがポイントです。

素材はリネン、ニット、サテン調など、柄は花柄、幾何学、ストライプなどお好みで。細かい織り柄でも変化がつきますし、少し大胆なデザインでも空間にアクセントがつきます。

柄の入ったラグを敷くと空間が
一気に華やかに。

クッションで色や柄
を足すだけでも雰囲
気が変わる。

一方、色を足したい場合は、好きな色のクッションや花、ラグなどで取り入れます。似た色を何箇所かに取り入れたほうが統一感が生まれ、色の効果が高まります。クッションだけで色を足すのでも大丈夫です。

クッションは、季節や気分によっても気軽に変えられるのも楽しいポイントです。たとえば、春ならパステルカラー、夏ならブルー系、秋ならオレンジや茶色、マスタードイエロー、冬なら赤系、または素材感のあるウールやフェイクファーなどのクッションを取り入れると季節感が楽しめます。また、クッションに合わせて、花も同じ色合いにすると、部屋全体に季節感があふれてすてきです。

【解決方法10】　アートを足す

壁がガラーンとしていると、殺風景になりがちです。目線の高さ（床から150センチくらい）にちょうどいいのがアートです。殺風景に感じる壁にアートを飾ってみましょう。

アートは、絵だけでなく、家族写真や子どもが描いた絵、旅で買ったポストカードなどなんでもよいのです。

ただし、できれば額縁《がくぶち》に入れて飾りましょう。大げさな額縁でなくても、100円ショップで売っているようなシンプルなフォトフレームで飾るのでもOKです。

アートの飾り方のコツは190ページで具体的にお伝えします。

悩み5●テレビが目立っておしゃれにならない

テレビやエアコンといった家電が目立って、インテリアの雰囲気をくずしているようで気になる、という声も聞きます。これも他のモノに視線を誘導させたり、モノをある程度足すことで、テレビの存在感を薄めます。

【解決方法11】 テレビキャビネットにアイテムを足す

部屋にテレビだけがぽつんと置かれていると、テレビが目立ってしまいます。そこで、テレビ台やキャビネットを置き、その上に観葉植物や平積みの本、家族の写真、置き物などを飾るとテレビの存在が気にならなくなります。

また、壁にアートを飾ったり、棚を取り付けて、壁全体をすてきにするという方法もあります。部屋をかっこよくシンプルにしたいのであれば、あまり飾らず、壁紙を変えるなどして、壁の表情を工夫しましょう。

要は、テレビやエアコンだけが悪目立ちせず、部屋全体にうまくなじんでいることが大切です。

イギリスでも、インテリアの邪魔にならないよう、テレビをどうするかという話が話題に上がります。

テレビに布をかぶせたり、額に入ったアートやミラーのように見せる商品もあります。

また、イギリスは古い建物が多いので、部屋にマントルピース（暖炉の枠）がつくりつけられていることがよくあります。その両サイドに本棚をつくり、よく見たら、そこにテレビもある、という感じでテレビが目立ちません。

イギリスでは本棚やオープンシェルフの中にテレビを入れ込むのが一般的。

知人のインテリアデザイナーの工夫。壁のアートを開くとテレビが出てくるようにしてある!

テレビが悪目立ちしないよう、フォトフレームやランプ、植物をそえて。

【解決方法12】テレビの背景に色を足す

テレビのある側の壁を、濃い色や柄の入った壁紙にするだけでも、電化製品が目立ちにくくなります。また、「石目調《いしめちょう》」のタイルなど表情のある壁材に替えることでも同じ効果が期待できます。

たとえば、LIXIL《リクシル》の「エコカラット」という商品は、タイルでありながらDIYもできる施工がかんたんな商品として、とても人気です。

高級感のある無機質な壁になるためテレビとの相性がよく、全体がかっこよく見えます。

悩み6●家具の色がバラバラ

インテリアの統一感を出すために、家具の木の色は「白系」「薄い茶色」「濃い茶色」など、統一しないといけないと思っていませんか？

「足すインテリア」では、家具の色を統一する必要がなくなります。

【解決方法13】 イスやインテリア小物を足す

部屋にモノが少ないと、1つひとつの家具が目立って、色がバラバラなのも目立ちます。

けれども、イスやインテリア小物などを足すことで、視線はそちらに誘導され、家具の色のバラバラさがそれほど気にならなくなります。むしろ、**色が違っているくらいのほうがおしゃれに見えることもあります。**

モノが増えてくると、いろいろな要素があったほうが部屋全体にリズムが生まれて、より心地のよい空間になるのです。

おしゃれなイスを足すのも、部屋に「フォーカルポイント」をつくり出し、部屋を個性的ですてきな空間にしてくれます。

また、ソファまわりには、54ページの「解決方法9」のように、ラグを足すのもおすすめです。ラグはソファやイス、スツール、サイドテーブルなどのテイストが異なる場合に、「まとめる」役割を担ってくれるからです。

悩み7●賃貸に住んでいる

賃貸でももちろんすてきな部屋をつくることができますし、賃貸こそ「足す」インテリアがより効いてきます。

賃貸の場合は、ドアや床材などにそれほどいい価格のモノが使われていないことが多いので、家具や小物、布製品、ランプやその光など「足したモノ」に視線を誘導したほうが魅力的な部屋にできるからです。

壁に穴を開けることを恐れている方も多いのですが、石膏《せっこう》ボード用のピンなどを使ってアートなどを飾っても大丈夫です（念のため大家さんにひと言言っておくと安心です）。日本の住宅は石膏ボードの上に壁紙が張ってあることが多いのですが、石膏ボード用のピンは、画鋲《がびょう》の針よりも小さく穴はほとんど目立ちません。

本書に書いてあることの多くは、賃貸・持ち家に関係なく実践していただける内容です。またChapter4にある通り、大家さんに了解を得れば、実は壁紙を張り替えるなどのリフォームもできます。

何を隠そう、私も賃貸に住んでいて、家具も壁にかけるアートもたくさん足していますよ。

【解決方法14】ランプを足す

すてきな空間にするには、照明がとても大切です。天井照明は最低限にして、電球色のテーブルランプやフロアランプで灯りを足してみましょう。

日中はランプの存在がインテリアのアクセントになり、夜は、光が部屋の印象をガラッといい雰囲気に変えてくれます。

また、床の色や質感が気に入らなかったり、賃貸だからと高い家具を買うのをためらっているのであれば、54ページの「解決方法9」のようにラグや小物を足すことで、印象を大きく変えることができます。

壁にかけたアートを間接照明が照らす。

＊＊＊＊＊

以上のように「足す」ことで解決するインテリアの悩みはたくさんあります。

「足す」ことは部屋の使い勝手もよくし、かつすてきに見せるための秘訣《ひけつ》と言ってもいいでしょう。

「センスがないからすてきな部屋にできない」は思い込み

「足す」ことがすてきな部屋につながることはわかっても、「私にはセンスがないからムリ」と思った方もいるかもしれません。

大丈夫です。

「センス」とは特別な人に備わった才能ではありません。

「センス」＝「クリエイティブ（創造力・想像力）」ととらえてしまいがちですが、インテリアで発揮すべきセンスは、独創的なアイデアではありません。

そう思えたら、インテリアに対するハードルはグンと下がるのではないでしょうか。


私はインテリアのセンスは、2つあると考えています。

①「知識」と「情報」で補えるセンス
②「個性」と結びついた唯一無二のセンス

1つめの「知識」と「情報」で補えるセンスは、だれでも身につけられます。

それがChapter2で紹介するテクニックです。「視線誘導」や効果的な家具の配置方法、照明による陰影のつけ方などのテクニックを知ることで、「おしゃれな部屋」をつくることができます。

でも、テクニックやセオリーに頼るだけのインテリアでは、本当の意味での居心地のよさにはつながりません。


そこで大切になるのが、2つめの自分の個性と結びついたセンスです。

だれでも唯一無二のセンスを持っています。

個性にいい・悪いがないように、このセンスにもいい悪いはありません。

あなたが「これ、すてきだな」と思って購入した服や文具、書籍など、また、大切にしているバッグや靴などは、あなたのセンスそのものなのです。

「心地のいい部屋」のヒントはここに隠されています。


たとえば、「黒と白のインテリア」と聞いて、どんな部屋を思い浮かべますか?

ある人はスタイリッシュな部屋を、ある人はチェスボードのような遊び心のある空間を思い浮かべるかもしれません。

まったく同じ間取りの部屋で同じ家具を使ったとしても、そこに足すクッションやラグなどの違いで雰囲気は変わるでしょう。

そのくらい、1人ひとりのセンス（個性）には大きな違いがあるのです。

自宅にあるモノの多くは、あなた自身が選んだモノですよね。

「うちのインテリアがイマイチ」と感じているあなたは、持っているモノをうまく活かせていないのかもしれません。

もし、引き出物やプレゼントなど、気に入らないけれど捨てられないモノを持っている場合は41ページの「悩み1」の解決方法など、何かを足したりすることで印象を大きく変えることもできます。

本書で知識と情報を増やし、その過程で自分自身と向き合いながら、あなただけのセンスを発見していきましょう（151ページの「本当の好みがわかるワーク」で発見できます）。

インテリアのテイストはそろえなくていい

インテリア小物や家具のテイストがそろっていないと、「部屋がイマイチに見えるのでは?」と思う方もいるかもしれません。

しかし、現実問題として、ほとんどの人はテイストがそろっていないモノに囲まれて暮らしています。

もちろん、「よし、〇〇スタイルでいこう!」と予算をかければ、ショールームのようにすてきな部屋に仕上がるかもしれません。でも、そんなタイミングも予算も、なかなかないですよね。

それに、**「足す」インテリアでは、テイストがそろっていないほうがかえって空間のリズムとなっていい**のです。

イギリス人はアンティーク家具が好きな人が多く、モダンなモノと古いモノをミックスさせることで、豊かさと深みのある魅力的な空間をつくり出します。

このような「ミックススタイル」は、文字通り、様式やテイストにこだわらず、さまざまなスタイルのモノ同士をミックスしてコーディネートすることを言います。**ミックススタイルの魅力は、何を組み合わせるかを自分で決められる点**です。自分の好みに合わせて自由に選び、その結果としてできあがる空間は「私スタイル」という唯一無二のスタイルになります。


一方、特定のスタイルにこだわって、「北欧スタイルはこうあるべき」などと決めつけてしまうと、自由でなくなります。

たとえば北欧スタイルの部屋に、イタリアモダンなイスがあっても、日本の浮世絵を飾ってもかまいません。ルイ16世スタイルのイスも世界的に人気があり、さまざまなインテリア空間で使われています。

つまり、インテリアを楽しむ秘訣は、特定のスタイルにとらわれず、自由に組み合わせることなのです。

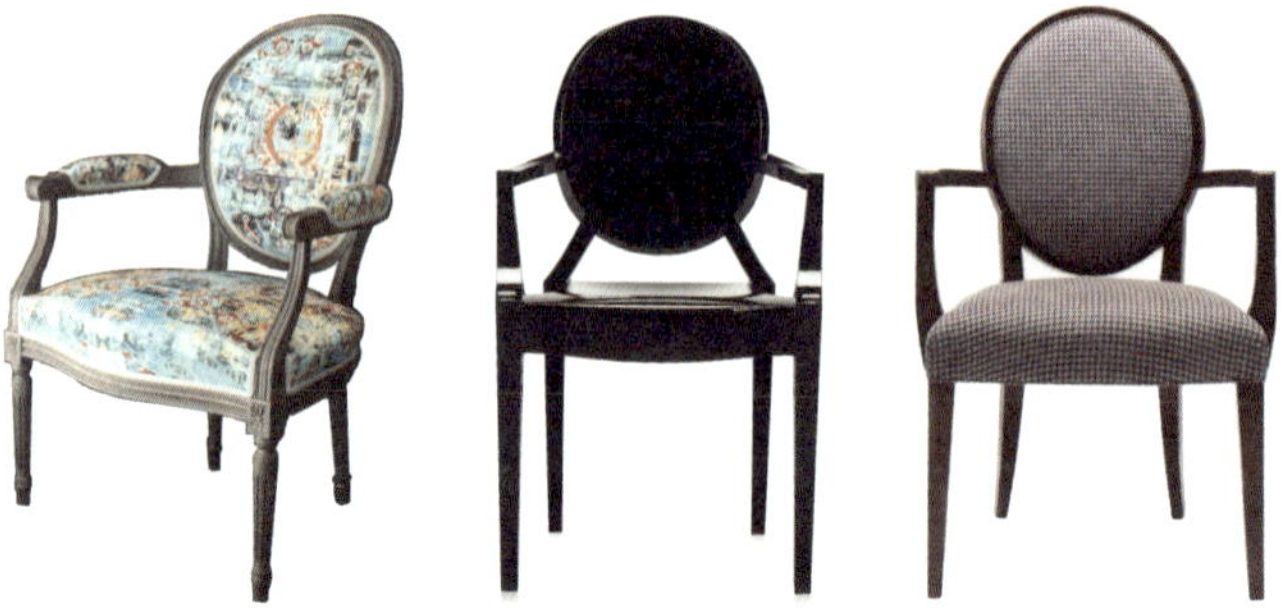

ヨーロッパで人気のルイ16世スタイルのイス。いろんな種類がある。
左）著者私物　中）カルテル／ルイゴースト　右）ADコア／オーバルバックチェア

ロンドンのモダンな部屋に飾られている中国の人物画。

Column

インテリアに「足しすぎ」はあるの？

「足すインテリア」の「足しすぎ」が気になる方もいるかもしれませんが、実際には足しすぎということはありません。あくまで好みの問題です。

イギリスでは、壁が見えなくなるほどアートを飾るお宅もあります。しかし、日本人の感覚では、そこまで足すことはあまりないでしょうし、仮にそうなっていても、それはその人の個性であり、決して悪いことではありません。

もちろん、不要品が多すぎるのはＮＧですが、インテリア小物が多いのは大丈夫です。どんなに飾っても、センスよく魅力的な空間に仕上げることができます。

この本では、そんな「足す」インテリアをよりすてきにするために、家具の配置や押さえるべきポイントもお伝えしていますので、ぜひ参考にしてみてください。

Chapter 2

「フォーカルポイント」をつくれば インテリアはうまくいく

インテリアは「足す」ことで解決できることがたくさんあるとお伝えしました。
「足す」と言っても、新たに何かを購入しなくてもできることはたくさんあります。
いま持っているモノを活かし、できるところからはじめてみましょう。

どの部屋であっても、まずはChapter1でお伝えしたように「インテリアの第一印象を決める場所（フォーカルポイント）」を整えることが大切です。

ここにすてきな光景がつくれると、他の場所がイマイチでもそれほど気にならず、模様替えの効果をすぐに実感できます。

フォーカルポイント（＝見せ場）とは

▼フォーカルポイントとは

フォーカルポイントをつくることで、そこに人の視線を誘導できて、部屋を印象づけることができます。

イギリスでは、リビングのドアを開けた瞬間に大きな絵画が目に飛び込んできたり、暖炉まわりが装飾されていたり、印象的なフォーカルポイントがつくられています。

日本では、フォーカルポイントを窓の外に置くことがあります。これは「借景《しゃっけい》」と呼ばれ、外の景色を部屋の中のアートのように楽しむ考え方です。

窓の景色に恵まれている方は、夜にカーテンを閉めても部屋がすてきに見えるように、別のフォーカルポイントもつくっていきましょう。

フォーカルポイントは、1つに絞る必要はありません。第一印象を決める場所を美しく整えたら、視線が行く場所を次々につくっていけると理想的です。

▼フォーカルポイントの効果

効果1　部屋全体の印象がよくなる

部屋の印象は、最初に目に入るシーンやアイテムで決まります。居心地のよさそうなシーンがあれば、自分も家族も部屋が心地よく感じられます。家に帰ったときにホッとできます。

効果2　視線が定まると心も落ち着く

フォーカルポイントがあると空間にメリハリが生まれ、視線が定まります。その結果、心も落ち着きます。逆にフォーカルポイントがないと、装飾の多い少ないにかかわらず部屋全体が散漫に見え、なんだか落ち着きません。

効果3　見たくない部分に視線が行かない

視線を見たい部分に誘導すると、ちらかりなど見たくない部分が気にならなくなります。ソファに服が脱ぎっぱなしでも、背後の壁にアートなどがあってすてきな光景ができていれば視線はそちらに誘導され、脱ぎっぱなしの服が目立たなくなります。

部屋を印象づけるフォーカルポイント。

まずはリビングにフォーカルポイントをつくる

すべての場所にフォーカルポイントをつくるのは大変ですので、まずはリビングにフォーカルポイントをつくることを考えましょう。

リビングなどの部屋は、ドアを開けたときに視界に入るモノがより広範囲になります。

第一印象を決める場所は、ドアを開けた先の「対角線の角をはさむ2面の壁」です。

ここにフォーカルポイントをつくりましょう。

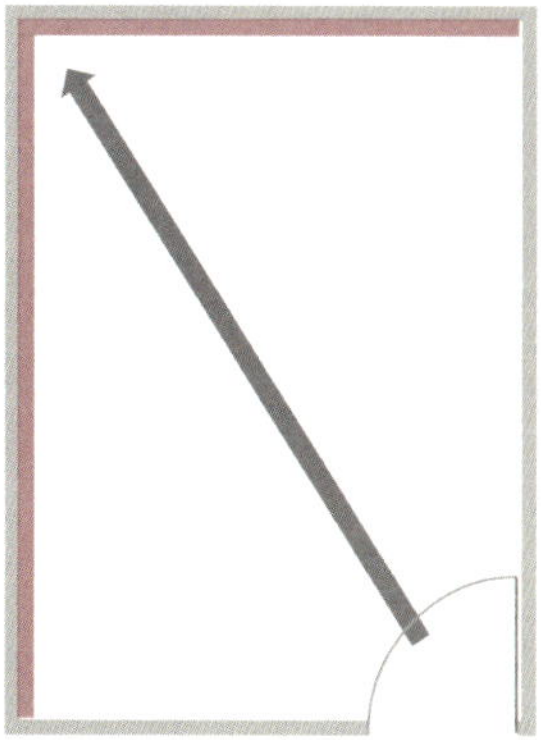

第一印象を決めるのは対角線の角をはさむ2つの壁が大切。リビングなどは、ここにフォーカルポイントをつくる。

フォーカルポイントをつくる方法

リビング、ダイニング、寝室など部屋別のつくり方は105ページからお伝えしますが、まずはどの部屋にも通じる考え方とテクニックをご紹介します。

「イマイチなインテリア」をおしゃれで心地のいい空間に整えてくれる方法なので、

ぜひ実践してみてください。

【イギリス流インテリアのテクニック①】「ウェルカム」

▼「ウェルカム」を意識しよう

家具の配置によって、部屋の雰囲気は大きく変わります。まずは「ウェルカム」を意識した配置にしましょう。

▼「背中を見せない」家具の配置にする

部屋に入った瞬間に「ようこそ!（ウェルカム）」と歓迎してくれる雰囲気の部屋と、せっかくドアを開けたのに、みんながそっぽを向いていると感じる部屋。どちらが魅力的かは一目瞭然ですよね。

歓迎してくれるような雰囲気の部屋をつくるには、片づけや花を飾ることももちろん正解ですが、「家具の配置（向き）」がとりわけ大きなポイントです。

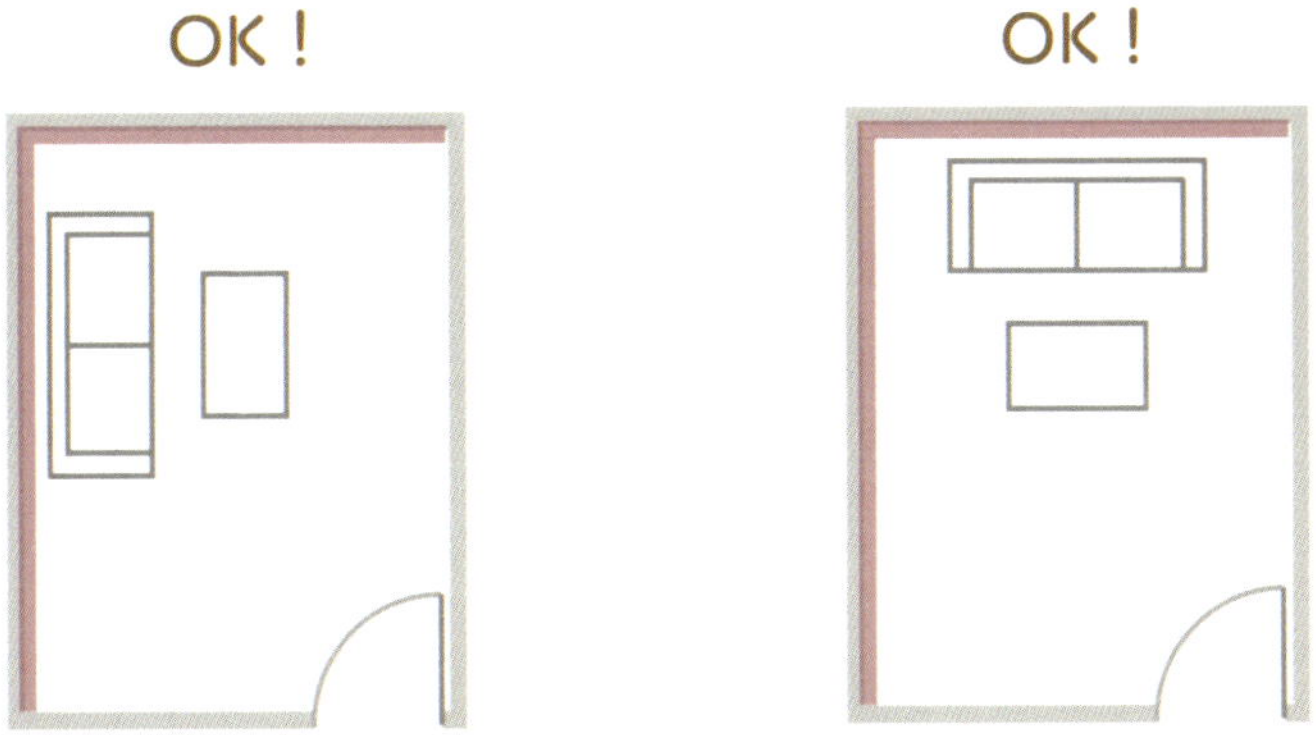

ソファをフォーカルポイントにするには、部屋の対角線の角をはさむ壁のどちらかにソファを配置し、ドアに背を向けないようにする。

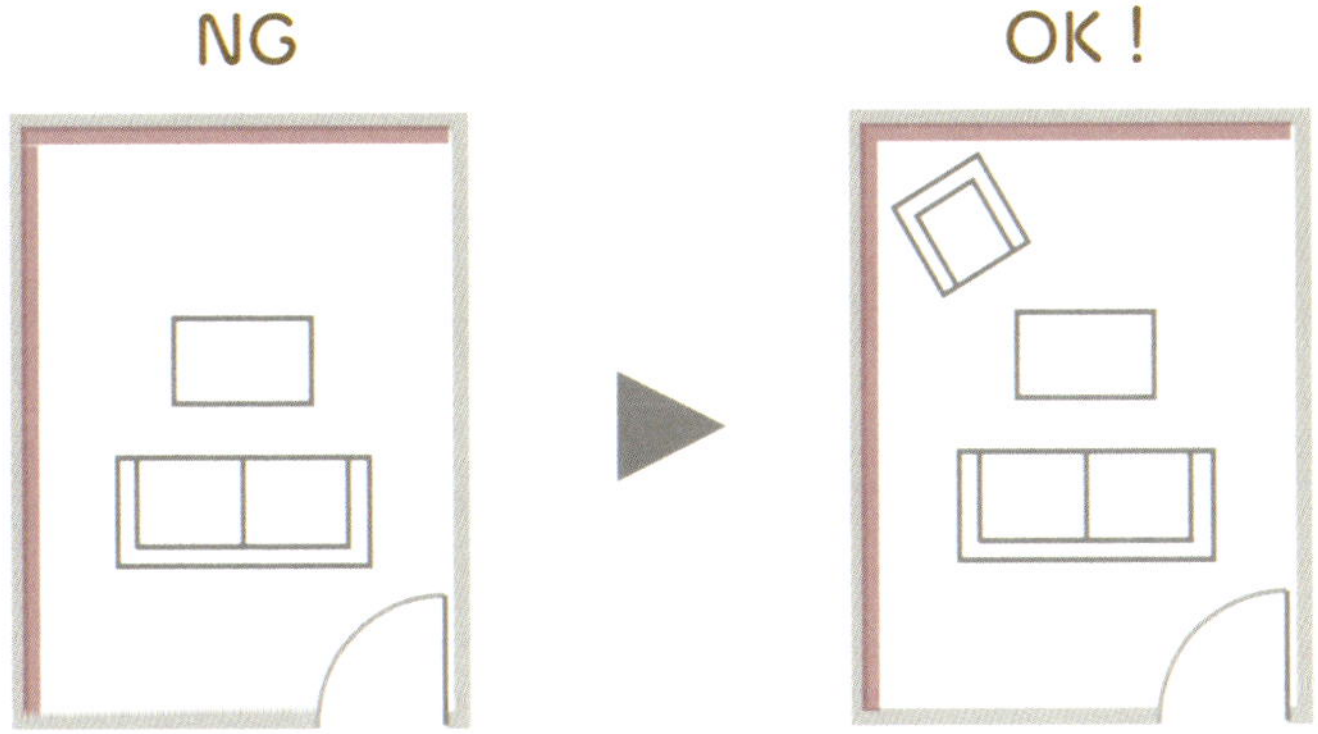

何らかの理由でソファがドアに背を向ける場合には、壁側にイスを置くなど別のモノで「ウェルカム」をつくり、視線を誘導する。

リビングにソファを置いている方が多いと思いますので、まずそこをフォーカルポイントにしましょう。

リビングのソファは、ドアの方向を向くようにします。ソファの座面が入口から見える位置にあると、部屋全体が「ウェルカム」な雰囲気に包まれます。


その他、リビングはもちろん、廊下やダイニングでも、壁にアートを飾ったり、キャビネットやテーブルに花を飾ることでも、十分に「ウェルカム」な雰囲気を出せます。

イギリスでは、暖炉（マントルピース）が「ウェルカム」の役割を果たしていることが多くあります。

日本でもヨーロピアンテイストが好きな人は、マントルピース風の家具を設置するケースもあります。その場合はマントルピースが「ウェルカム」ですから、ソファが背中を見せていてもかまいません。マントルピースまわりが、より「ウェルカム」になるようにしていきましょう。

マントルピースのある部屋はマントルピースが「ウェルカム」。

▼家具の向きが変えられないときは？

家具の向きを変えるのが難しい場合は、別のアイテムで「ウェルカム」な雰囲気をつくりましょう。

たとえば、**ソファの反対側にパーソナルチェア（1人がけのイス）をドアに向くように置けば、ウェルカムな雰囲気をつくり出せます。**

ただし、パーソナルチェアだけだと少しそっけない感じがするかもしれません。

そんなときは、パーソナルチェアの背後にアートを飾ったり、インテリア小物、植物、フロアランプを足すなどして、よりすてきな光景がつくれると、「ウェルカム」感が増します。

ソファが入り口に背中や横を向けている場合は、パーソナルチェアやフロアランプをウェルカムな配置にする。

ちなみに、ホテルやレストランなどの商業施設では、ソファがお客さまに背中を向けている場合、その背中側に家具を置き、家具の上にテーブルランプや置き物を飾っていることがあります。これも「背中を見せない」工夫です。

ホテルの光景。ソファが背中を向けているが、背後にコンソールテーブルを置いて背中を見せないようにし、「ウェルカム」を演出している。

▼クッションで「ウェルカム」効果を高めよう

「ようこそ」と人を迎え入れてくれるようにソファを配置したら、アクセントとして、ソファの上に、好みのクッションを置きましょう。

もしかしたら、クッションは単なるインテリア小物で、不要なものと考える方もいるかもしれません。確かにインテリア小物でもあるのですが、それ以前に、クッションは腰当てという実用品です。

クッションには、ソファがよい座り心地になるように調整する役割があります。クッションを枕にして寝転がる場合もありますね。

そのような実用品をなるべくすてきに見せる、というのがイギリス流の考え方。

せっかく置くのですから、効果的に見えるように配置しましょう（クッションの色や素材などはChapter3で詳しく解説します）。

クッションが効果的に見えるように配置する。

ソファを買い換えるのは大変ですが、ソファの向きを変えてクッションをプラスするだけなら、明日にでも試していただけるのではないでしょうか。

「ウェルカムな配置」は、たまにしか来ないお客さまを温かく迎えるためのテクニックではありません。そこに住む人、日々を暮らす自分や家族を、温かく迎え入れてくれるものです。

【イギリス流インテリアのテクニック②】「シンメトリー」

▼「シンメトリー」でバランスを整える

次に意識してほしいのは、「シンメトリー」な家具配置です。シンメトリーとは

・「左右対称」であること。
・「中心線をそろえる」こと。

シンメトリーは、ギリシャ・ローマ時代から続く王道のデザイン手法で、いまでもヨーロッパではインテリアのベースになっています。洋室のインテリアに、シンメトリーの配置を取り入れると、自然とバランスのとれた美しい空間をつくることができます。

一方で、日本にはこの文化がなく、むしろ反対の「アシンメトリー（左右非対称）」がよいとされています。これもすばらしい美意識なのですが、現在の私たちは洋風の暮らしをしているので、**インテリアがイマイチというときは、シンメトリーを意識するとうまくいきやすい**です。

シンメトリーのいいところは、かんたんにできること。

まずは左右対称にアイテムを配置してみて、そこからくずしていくと、個性や遊び心を加えられます。

【シンメトリーの実践方法】

①右と左を同じにする。

②左右対称にしたうえで、右と左を少しくずして調和させる。

①大きな部分はシンメトリーを意識しよう

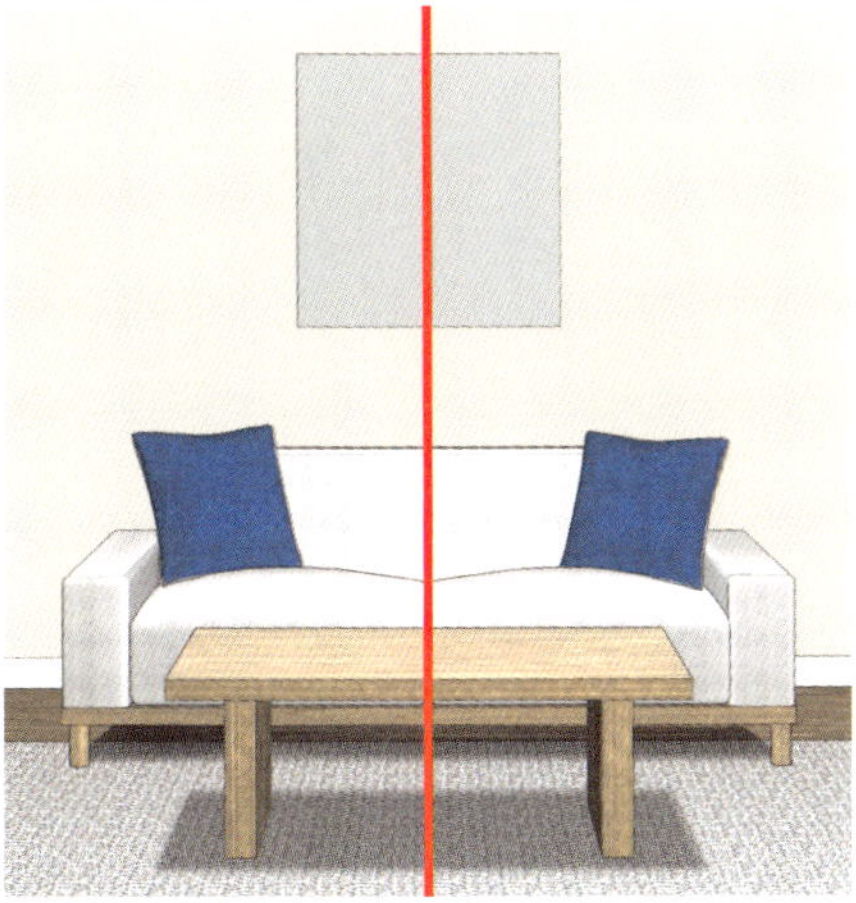

シンメトリーにするには家具や後ろのアートなどの中心線をそろえる。

家具配置を「シンメトリー」にするだけで、かんたんにバランスを整えることができます。

たとえば、ソファの前にコーヒーテーブルがあるなら、2つの中心線をそろえます。ソファの後ろにアートがあるなら、その中心線もそろえます。

もしも、ダイニングテーブル上にシャンデリアがあるなら、ダイニングテーブルとシャンデリアの中心は合わせたいですよね。これもシンメトリーです。

シンメトリーな配置は、見る人に安定感と落ち着きを感じさせます。

整然とした印象になるので、フォーマルな空間やクラシックな雰囲気、またエレガントで洗練された雰囲気の部屋には特に向いています。

一方、右と左がまったく同じ……ということが多いと、少々堅苦しく、退屈な感じがしてしまうかもしれません。

そこで、シンメトリーをくずすと、動きが加わり、空間に活気やリズムを加えられます。

おすすめなのは、**大きな部分はシンメトリーにして、小さな部分をくずしてみる**ことです。

②小さな部分でシンメトリーをちょっとくずす

家具やアイテムの配置のベースにシンメトリーがあると、適度にきちんと感が出るので、多少のくずしがあってもインテリアのバランスがとりやすくなります。

大きい家具がシンメトリーなら、クッションなど小さいものでそれをくずすと部屋に動きが出る。

ソファとコーヒーテーブルの中心線をそろえて配置したうえで、ソファの上のクッションは左右違う数にするなど、小さなくずしを加えてみましょう。

よく、「クッションは3つ（奇数）にしましょう」と言われますが、これはシンメトリーをちょっとくずす1つの手法です。

ただし、クッションの数は、「3つ」にこだわる必要はありません。たとえば、片側にすっきりと1つだけ置くこともあれば、ソファが大きい場合はたくさんのクッションを置くこともあります。

とはいえ、日本のソファは3人がけ（幅2メートルくらい）が多く、3つのクッションを置くのはやりやすいと思います。ソファとのバランスを見ながら、お好みでいろいろ試してみてください。

また、リビングの場合、ソファの前に別のイスを配置するなどでシンメトリーをくずすこともできますが、これは115ページで詳しくお話しします。

【イギリス流インテリアのテクニック③】「背景」

▼「背景」を意識しよう

もう1つ、大切なのが「背景（重なり）」の考え方です。これは、複数のモノの重なり具合を考えて配置することです。

家具がぽつんと1つ置いてあるだけではフォーカルポイントになりにくいのですが、

複数のアイテムを重ねるイメージで、奥に背景、手前に家具を置くことによって、全体として1つの印象的なビジュアルをつくることができます。

奥から手前へ、背の高いモノから低いモノへ、大きめのモノから小さめのモノへと重ねることで、フォーカルポイントが立体的になります。

奥から手前に、大きめのモノと小さめのモノを重ねることで奥行きが出る。

たとえば、ソファだけではフォーカルポイントとして弱く、その効果がそれほど期待できません。しかし、背景にアートがあり、その手前にソファがあり、その手前にクッションがあり、その手前にコーヒーテーブルがあるというように重なり具合を考えながら配置していきます。

このときコーヒーテーブルの上も飾ると、より豊かなインテリアシーンになりますが、これは110ページで詳しくお話しします。

照明を1つ足すだけでも部屋は大きく変わる

フォーカルポイントを、より印象づけるためには、「照明」も大切です。

照明と言うと、みなさん「難しい」と反応されるのですが、そんなことはありません。たとえば、テーブルランプやフロアランプを1つ追加するだけでも、かんたんに部屋の雰囲気を変えられます。

「形や色がすてきなモノ」「ユニークなモノ」を選べば、照明器具そのものがフォーカルポイントになります。

たとえば、ＩＫＥＡなどにも、そのような照明はたくさんあります。

イギリスで見つけたユニークなテーブルランプ。

また、光の向きや明るさを調節して、壁や天井、アートなどを照らすと、フォーカルポイントをより効果的に見せてくれます。光の陰影をつくることで、その光に照らされたた壁面をフォーカルポイントにすることもできます。

▼照明の色は電球色がおすすめ

すてきな家具やインテリア用品をそろえているはずなのに、「なんだかイマイチ」と感じる場合、照明が影響していることも多いです。

特に、白っぽい光（昼光色《ちゅうこうしょく》、昼白色《ちゅうはくしょく》、温白色《おんぱくしょく》）を放つシーリングライト（天井につける照明）はよくある照明ですが、この白い光に照らされると、すてきなインテリアもなんだか平面的で味気ない印象になってしまいます。

「昼光色」や「電球色」などは照明の色の種類で、次のような色です。

・日中の光を真似た、白い色の光（昼白色など）
・夕日の光を真似た、オレンジ色の光（電球色《でんきゅうしょく》）

海岸で沈む夕日はなんだかロマンチック。ずっと見ていたい気分になりますよね。
その色を真似たのが「電球色」です。

できたら、シーリングライトの光を、温かみのある「電球色」に変えてみましょう。
それだけでも、インテリアに温かみや奥行きが生まれます。

電球色のオレンジ色の光は副交感神経を優位にすると言われ、リラックスした状態をつくり出します。電球色の光は食べものをおいしそうに、インテリアをすてきに見せてくれる効果もあります。

一方、昼白色などの白い色の光は交感神経を優位にし、脳を覚醒させる効果があると言われます。オフィスや学校で仕事や勉強をするときには最適ですが、リラックスしたいときには向きません。

おしゃれで居心地のいい部屋にしたいなら、まずは、電球色にしてみましょう。
最近は色を切り替えられる照明器具もあります。日中は昼白色などの白い色の光、夕方以降は電球色の光で部屋の雰囲気を変えてみるのもいいでしょう。

▼照明を変えられないときは？

そうかんたんにシーリングライトなんて変えられない、という場合も大丈夫です。シーリングライトは消して、電球色のテーブルランプやフロアランプを置いて、**間接照明**だけの光を楽しんでみましょう。

間接照明とは、天井や壁などに光を当てて、その反射光で空間を照らす照明のことです。

その際には、あえて光の陰影を楽しむのが正解です。

間接照明は、できたらフォーカルポイントに光が当たるような位置や向きにしましょう。フォーカルポイントを強調して、より魅力的にしてくれます。

また、光は反射してその効果を発揮するので、間接照明の光が壁に当たるよう配置したり、部屋のコーナーに照明を置いたりして、部屋のムードがどう変わるか、いろいろと試すのもいいでしょう。

間接照明はフォーカルポイントに光が当たるような配置にすると、フォーカルポイントをより強調できる。

部屋のコーナーに間接照明を配置すると、ムードがまた変わる。

ソファの横に間接照明を置くと、読書の際などに手元を照らしてくれるばかりでなく、やわらかな光があなたをより美しく見せてくれます。

観葉植物があれば、間接照明で下から上に光を当てると、葉っぱの影が壁や天井につくられて、光のアートを楽しむことができます。

低い位置に置く間接照明には心が癒されます。たとえば、エステティックサロンやマッサージ屋さんなどで、照明が床置きだけなのを見たことがある人もいると思います。

間接照明を足して、光に強弱をつけると、部屋がドラマチックな雰囲気になります。いろいろと試して、光と影がつくり出す奥深い世界をぜひ楽しんでみてください。

リビングルーム（スペース）のつくり方

ここからは実際に部屋をどう組み立てていくのか、部屋ごとに見ていきます。

リビングルームは、家の中のパブリックスペースとも言える場所であり、長い時間過ごしますから、優先的に取り組みたいところです。

リビングルームとダイニングルームが同じ空間にあるリビングダイニングになっているお宅も多いと思いますが、その場合はリビング側のスペースと考えてください。

▼リビングルームの家具の配置

●大きな部分から配置しよう

リビングルームで、「ウェルカム」な雰囲気を出せるモノと言えば、「ソファ」と答える方が多いかと思います。

もちろん、他にディスプレイ棚や壁をつくり込んでいる場合など、ウェルカムな雰囲気を出せるモノがあれば、ソファ以外でもかまいません。

ここでは、ソファコーナーがフォーカルポイントになるように組み立ててみます。

まずは、部屋の入り口から見て対角線の角をはさむ2面の壁のどちらかに、ソファを配置します。一方が窓になっている間取りなら、壁側がいいでしょう。

これでソファの座面が入り口側を向いていることになり、「ウェルカム」は完成です。かんたんですね。

次にシンメトリーになるように、その他のモノを足していきます。ソファとコーヒーテーブル、アートなど、中心線をそろえて置くようにしましょう。

アート、ソファ、コーヒーテーブルで重なりも出ますし、このように複数のモノで「まとまり」をつくることで、存在感のあるフォーカルポイントにすることができます。

●小さい部分で動きを出そう

大きい家具をシンメトリーに配置したら、空間がイキイキするよう、小さな部分でシンメトリーをくずしてみましょう（95ページ）。

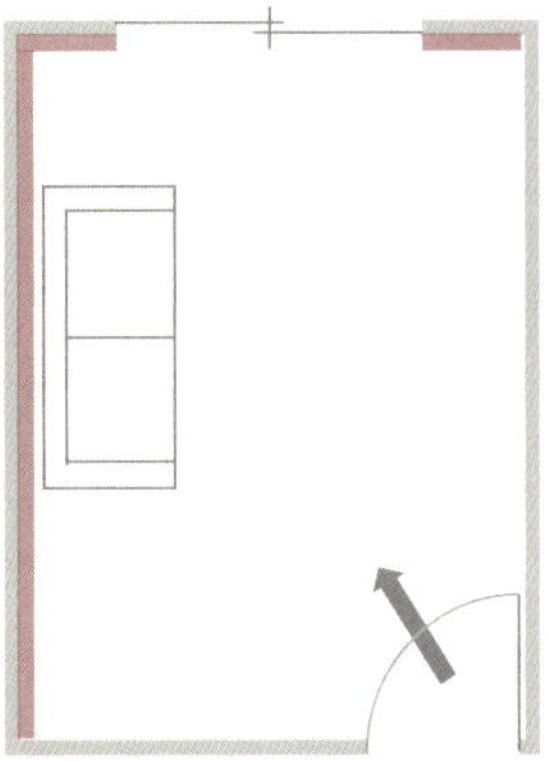

①大事な壁の窓がないほうにソファを配置する。

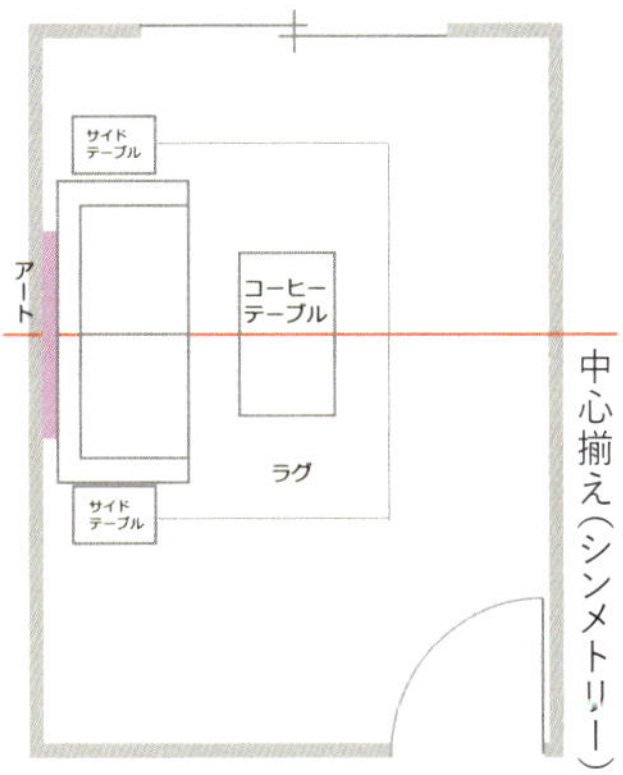

②シンメトリーになるように、その他のモノを配置する。

たとえば、クッションの数を奇数にして足したり、サイドテーブルを左右どちらかに寄せて置くなどです。

ソファの両脇に何かを足すのであれば、違うデザインのサイドテーブルを２つ足してもいいでしょう。収納スペースとしても便利です。

サイドテーブルを置くのが難しければ、フロアランプや観葉植物などを片側に配置することで、立体感を演出できます。

スツール（背もたれのないイス）や小さな家具、テーブルランプなどで変化をつけるのもいいでしょう。

シンメトリーが好きな方は、シンメトリーでアイテムを足してください。ソファの両脇に同じテーブルと同じランプを置いたりすると、落ち着いた印象をつくることができます。

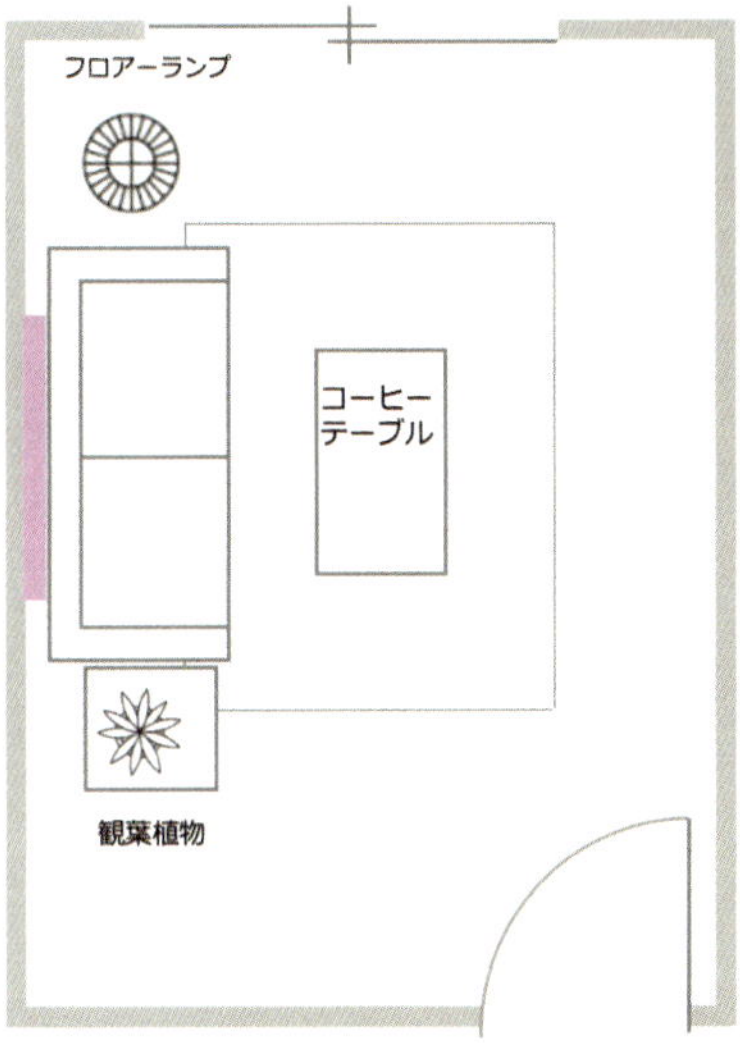

ソファの左右に違うものを置くだけでシンメトリーをくずし、動きのある空間をつくることができる。

●コーヒーテーブルで動きを演出

コーヒーテーブル（小さめのテーブル、センターテーブル）も動きを出すのに絶好のアイテムです。

コーヒーテーブルの上に飾るインテリア小物は１００円ショップに売っているようなモノでも大丈夫です。１つひとつのクオリティよりも全体のバランスをより意識しましょう。

上）100円ショップで購入した小物。そのうち1つにグリーンのポプリを。
下）入れ物にはキャンディーなどを入れてもOK。

コーヒーテーブルの上は、もしできれば**高低差をつけたディスプレイ**にすると、テーブルの上がイキイキとした印象になります。

コーヒーテーブルの飾りで高低差をつけると動きが出る。

また、私のおすすめは「**コーヒーテーブルブック**」です。

コーヒーテーブルブックとは、テーブルの上に置く、主に写真多めでビジュアル重視の本のことです。

たとえば、山が好きなら山の本、アートが好きならアートの本など、**自分が楽しむことができて来客時には会話のきっかけになるような本が理想的**です。

もちろん、読みかけの雑誌類などでもかまいません。

特に、重たくて持ち運びのできないような本は、しまったら出すのが大変です。

そこで、コーヒーテーブルの上に置いておけば、立派なインテリア用品にもなり、コーヒーブレイクのときに楽しむこともできて一石二鳥です。

テーブルの上に花を飾っている人もいるかと思いますが、花を絶やさないようにするのはなかなか大変です。でも**コーヒーテーブルブックなら、花を飾らなくてもテーブルが華やぎますし、さらに花を添えると一層引き立ちます。**

コーヒーテーブルブック。置くのは好きな本でいいが、大型本だとビジュアル的にもいい。花を添えると本が引き立つ。

イギリスではコーヒーテーブルの上がモノでびっしり埋まっている家もありますが、日本では半分くらい空けるほうが落ち着く方が多いかもしれません。

本も飾りも、お好みで大丈夫です。たくさん並べて海外風に演出するのもすてきですし、ミニマルに1、2冊だけ置くのもシンプルで洗練されています。

冒頭の部屋のイラストを見て、お好みの雰囲気を探してみてください。

大切なのは、あなたが意図して足したアイテム以外のモノ、たとえば、スーパーの袋や出しっぱなしのバッグ、洗濯物、文房具やプリント、郵便物など、不要なモノは片づけることです。

これにより、リビングのフォーカルポイントが際立ち、部屋全体がすっきりします。リビングルームのドアを開けたとたんに、すてきな光景が飛び込んでくるようになります。

リビングのフォーカルポイントさえ整えれば、ひとまず他の場所は手を抜いても大丈夫ですから、不要なモノは置かないことが大切です。

●リビングルームを「語らう場所」にする家具の配置

ところで、リビングルームとは何のための場所でしょうか?

「くつろぐ場所」と答える人が多いと思います。

一方、イギリス人は、「語らう」ことをとても大切にしています。

リビングのソファは家族団らんやゲストとの会話を楽しむ場所です。

そのため、イギリスのリビングにソファが1台だけということはほとんどありません。たとえ、狭い空間でも部屋いっぱいにソファやイスが置いてあることも珍しくありません。

ところが、日本の場合は、家族全員が座るだけのソファがない家庭が多いように思います。1台しかないソファを家族で取り合ったり、だれかが寝転んでいて座る場所がなくなったりすることもあるのではないでしょうか。

家族で住んでいる場合でも、リビングのソファが家族団らんの場所ではなく、1人用の場所になっているケースが多いのです。

最近は、ダイニングテーブルを「語らう場所」にしている家庭も多いですが、リラックスして語らうには、家族全員が座れるソファがあるのが理想的です。

1つのソファに2人以上が座る場合、仲よく並ぶこともできますが、あまり近くに座りすぎると少し居心地が悪く感じることもあります。そこで、**ソファをL字型に配置したり、反対側にもう1つ2つ、イスを足すとよりリラックスしやすく**なります。

その際、ソファの正面に、イスを2つ、整然と置いてしまうと昔の応接室みたいで堅苦しいですが、**ソファの斜め45度に1つだけイス（1人用ソファ、パーソナルチェアなど）を置けば、空間にリズムが生まれます。**

置くイスのテイストはソファと変えても、「くずし」となって、かえっておしゃれな印象になります。

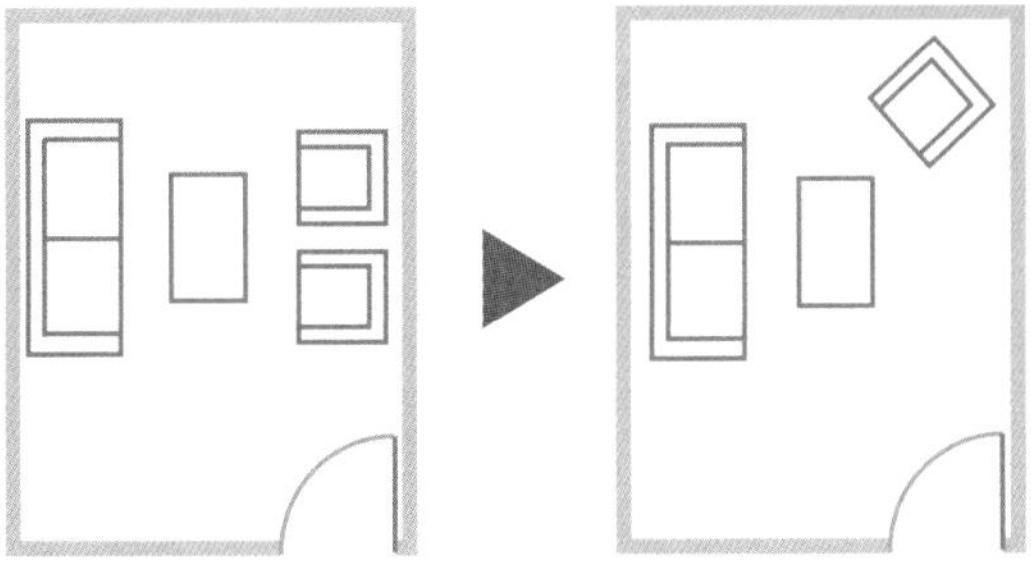

ソファの前にイスを整然と置くと昔の応接室のようで堅苦しい。1つだけ斜め45度の配置で置くと視線がずれてリラックスできるうえに、モダンな雰囲気に。

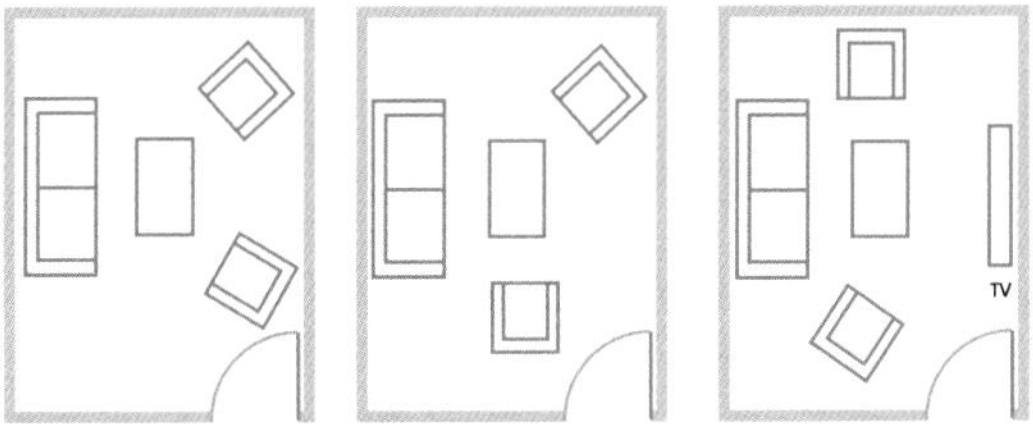

イスを2つ置く場合でも位置をずらすと、視線が正面でぶつからずGood!

ソファの前にイスを置くのは、「足すインテリア」の重要なポイントです。

イスがあると、上にバッグなどを置けるし、人もたくさん座れるなど、便利な点が多く、インテリアも一層すてきになります。

また、パーソナルチェアがあることで、ソファコーナーが「テレビを見る場所」「ゴロンと横になる場所」というくつろぐ役割だけではなく、「語らう場所」という役割にも立ち返れるのです。

もし部屋が狭くて、物理的にソファを1台しか置けない場合でも、たとえばダイニングチェアに座る人とソファに座る人で語らうことができるような配置にすると、自然に会話が生まれるでしょう。ソファを置くスペースがない場合は、1人がけのチェアなどを置きましょう。

もし、あなたが1人暮らしだとしても、このようにイスを「足す」ことを検討してみてください。空間にリズムを加えるいいアクセントになりますし、いつでもお友だちを呼べるようにもなります。

ちなみに、わが家は3人家族で、リビングスペースは8畳程度しかなく、決して広いとは言えません。そこに3人がけのソファ1台とパーソナルチェアが3つ、オットマンが1つ置いてあります。

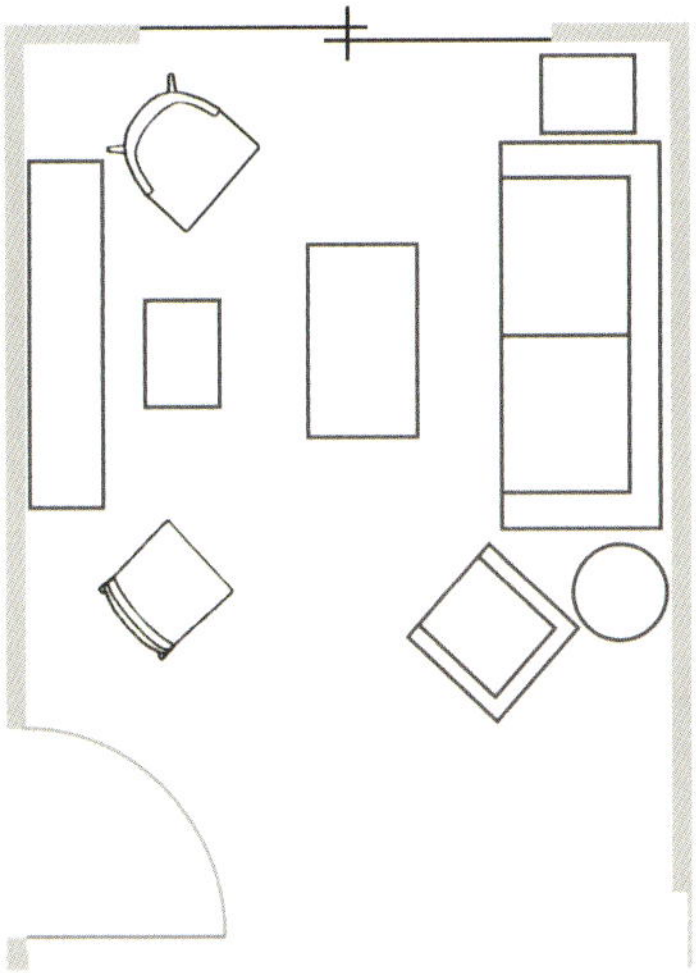

わが家のリビング。8畳程度の広さに3人がけソファとパーソナルチェア3つ、オットマンを1つ置いている。

オットマンはゲストの数に応じて足せるように、もう1つ廊下に用意しています。3人家族なのに、8~9人が座れるだけのソファとイスがあるのです。

これだとお友だちが来たときにはワイワイと語らい、家族3人の場合も適度な距離を置いてリラックスして話すことができます。

イスのテイストはそろっていません。迎えた時期も異なります。さまざまな理由で集まってきた、愛すべき個性豊かなイスたちです。

ダイニングルーム（スペース）のつくり方

「リビングダイニング」になっているお宅も多いと思いますが、その場合はダイニング側のスペースと考えてください。

●ダイニングルームの「ウェルカム」とは？

ダイニングルームで、「ウェルカム」な雰囲気を出せるのは、ダイニングテーブルとイスです。ただ、ソファと違って、ダイニングテーブルには向きがありませんから、どうしても背中（背もたれ）を入り口に向けてしまうイスが出てきてしまいます。

これでは、ウェルカムな感じがしませんね。

テーブルの上に花を飾って、ウェルカム感を出すという方法もありますが、つねに花を飾るのはやはり大変です。

そこで大切になるのが、テーブルの向こう側の壁（背景）です。

第一印象を決めるフォーカルポイントをつくるにふさわしい場所は、「ドアを開けたときに見える「対角線上の角をはさむ2面の壁」でしたよね。その壁がダイニングテーブルのいい背景となり、全体としてウェルカムになるように考えていきましょう。

イギリスの住宅のダイニングルーム。イスが背を向けているが、マントルピースの上のミラー、アート、カーテンなど、ダイニングテーブルの向こう側（背景）があることで、温かみのあるウェルカムな空間になっている。

●実用性を兼ねた家具を足すのがおすすめ

おすすめのフォーカルポイントのつくり方は、ドアから見える壁に腰高の収納家具を足し、その上の目線の高さの場所に、アートなどすてきなモノを飾ることです。

ダイニングルームは、さまざまな用途で使うため必然的にモノが多くなってしまうので、そういったモノを収納できる家具があると便利です。

その家具は収納を解決すると同時に、インテリアのための舞台にもなります。あなたの好きなモノをどんどん足していきましょう。

背の高い収納家具を置く場合は、人が立ったときに、目線の高さに装飾部分を設けると、背景として整います。

●家具が足せない場合

収納家具を置くスペースがないときは、壁にアートやミラーなど、印象的なアイテムを足して見せ場をつくりましょう。アートと言うと仰々しく感じるかもしれませんが、56ページでも書いたように、子どもの絵やポストカードも立派なアートです。もしくは、柄や表情のある壁紙にすれば、何も飾らなくてもすてきな背景になります。さらにアートを足すのもいいでしょう。多くの人は、アートを飾る壁は白い壁がいいと思いがちですが、実は色柄がついている壁でも大丈夫です。

写真やポストカード、色のついた作品も、**額装すれば、壁とアートの間に無地のマットとフレームがはさまるので、柄物の壁紙ともケンカしません。**

もし窓がある部屋なら、窓まわりを美しく演出することがフォーカルポイントになります。

柄の壁紙でもアートが額装されていればケンカしない。

●背景がキッチンの場合

ダイニングルームの向こう（背景）に見える面がキッチンカウンターの場合は、キッチン全体がフォーカルポイントになるので、キッチンを美しく整えましょう。

これは、カウンターがなくキッチンがそのままテーブルから見えている場合も同じです。

もしキッチンで「隠す収納」をしているなら、キッチンの吊り戸棚の素材、柄を工夫するとよいでしょう。最近では、さまざまな色や柄が入った面材があるので、個性的なキッチンにすることもできます。

一方、「見せる収納」をしているなら、単に「見えている」のではなく、まさに「見せる」を意識してください。お気に入りの食器や雑貨は、使うだけでなく、飾ることで目でも楽しみましょう。たとえば、棚板を使い、その上におしゃれな食器を並べるのは、見せる収納の一例です。

奥に見せる収納があり、その手前にカウンター、その手前にダイニングテーブルが配置されているというレイアウトであれば、キッチンがダイニングテーブルの背景となって空間に奥行きが生まれ、よりすてきなシーンを演出できます。

キッチンもダイニングの背景と考える。

●食卓を照らす効果的な灯り

ダイニングテーブルには、食卓を楽しく華やかに演出し、料理をおいしそうに見せてくれる灯りが必要です。

おすすめは、ペンダントライト（吊り下げるタイプの照明）です。

ペンダントライトをテーブル面から70センチ前後の高さに吊り下げると、光が目に入ってまぶしいということもなく、食卓を照らした反射光で周りもそれなりに明るくなります。

テーブルの大きさによっては、小さなペンダントライトを、2つ、3つと並べる方法もあります。どのくらいの範囲を照らすかや個数については、インテリアショップの人と相談したり、実際に試してみるのがいいでしょう。

もし、ちょうどいい場所にペンダントライトを設置できない場合、フロアランプで食卓を照らしたり、卓上にテーブルランプを置いたりするのも1つの手です。

テーブルランプにもいろいろありますから、好みのモノを探しましょう。たとえば、ルイスポールセン社の「パンテラ」や、アンドトラディションの「フラワーポットランプ」などは、色のバリエーションが豊富で人気です。

最近は、充電式でコードレスの照明器具にもすてきなデザインのモノがあり、食卓にもぴったりです。**アンビエンテックの「ターン」**というランプは国際的に活躍する日本人デザイナーの作品で、世界的に人気を集めています。

その他、ウェブサイトで「充電式　テーブルランプ」といったキーワードで検索すると、いろいろなデザインのものが出てきます。

フラワーポットVP9

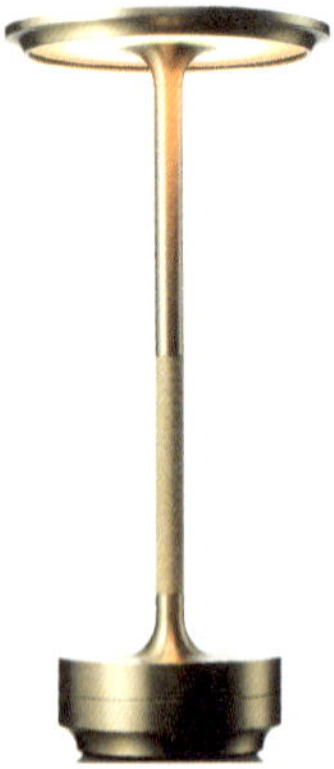

アンビエンテックの「ターン」

天井のコンセントの位置が合わない場合でも、**ライティングレール**（照明用のレール）や**ペンダントサポーター**（ペンダントライトの位置を調整できる器具）などを使えば、工事無しで照明の位置を調整することができます。

最近は引っ掛けシーリング（天井にある電源ソケット）に取り付けられるタイプのものもあり、手軽に設置できます。

ライティングレールを使うと、照明をつけたい位置にスポットライトやペンダントライトを取り付けられます。

スポットライトで食卓を照らすこともできますし、複数のスポットライトを足せば、壁面のアートなどフォーカルポイントにも光を当てることができます。

ライティングレールを使ったペンダントライト。

光はオレンジ色の電球色にしましょう。リラックスできるだけでなく、料理もおいしそうに見せてくれます。

とはいえ、ダイニングテーブルは仕事や勉強など、さまざまな用途で使うことがあり、その場合には、脳を活性化させる白い光のほうがいいケースもあります。

そこで、ダイニングルームの場合、実用性を重視して、仕事や勉強をするときは白い色、リラックスしたいときは電球色と、使い分けられる照明を選ぶのもいいですね。

必要に応じてデスクライトをテーブルに置くという方法もあります。

玄関のつくり方

玄関は単なる入り口にとどまらず、家の第一印象を決め、家全体の印象を左右する大切な場所です。美しさや個性、心地よさを演出できるよう工夫してみましょう。

●壁や靴箱を利用する

玄関の壁は上手に活用しましょう。絵やタペストリーを飾ったり、個性的な壁紙を張ることで、狭い玄関でも印象的な空間をつくることができます。

また、**大きなミラーを取り入れる**と、身なりをチェックできるだけでなく、玄関を広く見せられます。

腰高の靴箱があればその上を飾りましょう。

花やランプ、小物などの他、季節ごとの装飾品（ハロウィングッズ、クリスマス用品、お正月飾り、雛人形、兜など）を取り入れると、玄関に季節感が加わります。

●コンソールテーブルや腰高のキャビネットを置く

玄関が広い場合は、コンソールテーブル（ディスプレイ家具として置かれる小さめのテーブル）や腰高のキャビネットなどを置いて、その上に花や観葉植物、絵を飾ったりできないか検討してみましょう。

また、イスを置いてもよいでしょう。靴を履いたりバッグを置いたりできて便利ですし、ウェルカム感も演出できる優秀なアイテムです。

ベッドルームのつくり方

ベッドルームも、大事な場所はドアを開けたら見える「対角線の角をはさむ2面の壁」です。窓がない面にフォーカルポイントをつくっていきます。

●気持ちよく眠りにつける家具の配置

ベッドルームで「ウェルカム」な雰囲気を出せるのは、やはり「ベッド」です。
ベッドが自分を「ようこそベッドルームへ。ぐっすり眠って疲れを癒してくださいね」と迎えてくれるように、フォーカルポイントとして整えます。

ベッドの「顔」は、ヘッドボード（ベッドの頭側の板）側です。ヘッドボードがドアを向くように配置することで「ウェルカム」は完成です。

つまり、大切な壁のどちらかに、ヘッドボードが見える位置にベッドを置くのです。

また、ベッドにクッションを足せば、ソファ同様、すてきにしつらえることができます。ちなみに、イギリスではヘッドボードがどんどん派手になっていて、「これでもかー！」という見せ場になっています。

イギリスの派手なヘッドボード。ドアを向いている。

次に「シンメトリー」を意識します。

シングルベッド1台の場合、スペースを有効に使うために壁に寄せていいのですが、**ダブルベッドやシングルベッドを2台並べる場合は、あえて部屋の中央にベッドを配置する**のがおすすめです。

そうすると、シーツの交換がしやすくなりますし、インテリア全体のバランスもよくなります。

次にサイドテーブルを足してみましょう。必須ではありませんが、読みかけの本やスマホなどを置くのにとても便利です。

ダブルベッドの場合、両サイドにサイドテーブルを置くとシンメトリーでバランスもよくなります。

1人で寝るのであれば片側に1つだけでも問題ありません。

シングルベッドを2台並べて使う場合は、ベッドの間に1つサイドテーブルを置く方法もあります。

サイドテーブルをわざわざ買う必要はありません。押入れで使っている衣装ケースやスツールなどに布をかぶせたりして、工夫してみてください。

照明はシーリングライト以外に、サイドテーブルにテーブルランプを置いたり、フロアランプを足してみましょう。リラックスタイムですから、もちろん電球色の光にしましょう。オレンジ色の光は、心身をリラックスさせ、いい眠りに誘います。

最後にクッションを置きましょう。「背景」も意識して、クッションとヘッドボード、

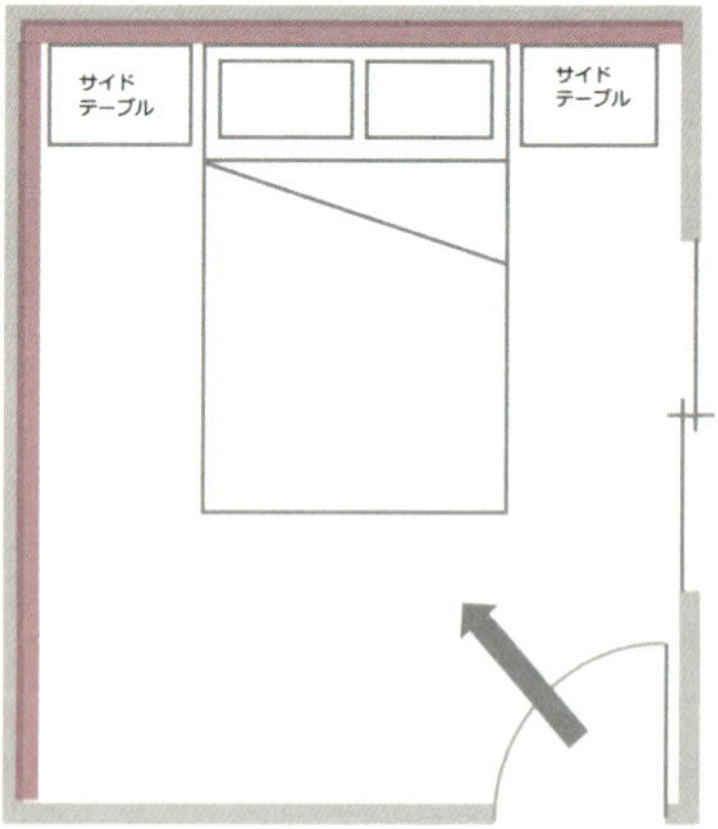

ダブルベッドやシングルベッド2台の場合は部屋の中央、窓のない壁にベッドのヘッド側が来るように配置する。

クッション同士の重なり具合を整えます。

ベッドルームはだれに見せるわけでもないし、「クッションなんて邪魔！」と思われるかもしれませんが、ぜひ次を読み飛ばさずにおつきあいください。

●かんたんにできるベッドメイキングの効果

インテリアショップでは、ベッドにたくさんのクッションが置いてありますね。

くり返しますが、クッションはフォーカルポイントをつくるために欠かせないアイテムです。

しかしベッドの上に置くとなると、「眠るときにクッションをどこに置けばいいの？」とか、「そもそも眠る場所なのに何のために置くの？」という質問をよくいただきます。

これにも、日本の引き算の美学と西洋の足し算の美学が関係しています。

乱れた布団を押し入れにしまって見えなくするのが日本。

シワになった枕を隠すために、クッションを「足して」整えるのが西洋。

枕元に枕だけでなくクッションも置いてフォーカルポイントにするのが西洋スタイル。

イギリス人にとって、ベッドにクッションを置くというのは、布団を畳むことと同じ意味なのです。

ベッドの掛け布団を整えてクッションを置くだけなら数秒でかんたんに美しいベッドが完成します。

掛け布団は半分に畳む、きれいに伸ばす程度でかまいません。

とにかくかんたんなので、ぜひ試してみてください。ベッドルームに入ったときの気持ちよさがまったく違います。

クッションだけで、ベッドがすてきなフォーカルポイントになり、インテリアコーディネートの楽しみも広がるはずです。

少し手間を加えたい方は、ベッドカバーやベッドスロー（足元の布）を足すとさらにすてきです。いずれにしても、「ベッドを整えた」ということが自分にわかると、気持ちのいいものです。

ちなみに、寝るときにクッションをどこに置くかと言うと、ベッド横のイスの上です。ですから西洋では、ベッドルームにもイスが必須アイテムなのです。もっとも、床にポンポンポンッと投げる人も多いようですが……。

●ベッドルームには遮光カーテン

ベッドルームには遮光カーテンがおすすめです。

市販の遮光カーテンも便利ですが、好きなカーテン生地を選んで遮光の裏地を付けるのもおすすめです。

裏地付きのカーテンは日本ではぜいたくに感じますが、見た目が上質な仕上がりになるだけでなく、カーテンが2枚重ねになるため、断熱効果もあり、部屋がより快適になります。

たとえば、寝室の窓側にヘッドボードが来てしまう場合でも、遮光の裏地付きカーテンで光や冬の冷気や夏の熱気が伝わってくるのを防げます。

イギリスでは、窓ガラスの性能のいい現代でも、カーテンは裏地付きです。間に綿を入れて分厚いカーテンにしてあることもあります。

もともと、一番大切な機能が「断熱」だったからですが、見た目もいいため現代でも使われているのです。

リビングや他の部屋では、遮光の裏地にかぎらず、さまざまな色や柄の生地を裏地にして、インテリアコーディネートを楽しんだりしています。

子ども部屋のつくり方

子ども部屋は「ベッドルームのつくり方」の項で説明した多くのことが当てはまります。ただし、大人のベッドルームと違い、勉強したり、ゲームをしたり、自分のモノを整理収納したりと、朝から夜まで多機能に使う場所でもあります。

●子ども部屋の「ウェルカム」はベッドがやりやすい

子ども部屋でウェルカムを意識できるものはなんでしょう？

好きなアイドルやアニメのキャラクターのポスターなどもあるかもしれませんが、やはりベッドのヘッドボードがウェルカムに向いています。ドアをそっと開けたときに子どもの寝顔を見ることができれば、親にとっても安心ですよね。

イギリスなど西洋では、子どもが小学生のうちからベッドメイキングをするようにしつけられます。とはいえ。布団を引っ張って整え、枕の位置を直す程度のかんたんなことです。

ベッドメイキングの最後にテディベアをちょこんと置けば、テディベアが「ようこそ」と迎えてくれます。日本でも小さいうちはぬいぐるみをたくさんベッドに置いているこ とが多いですよね。

仲間たち（ぬいぐるみ）の顔をドア側に向けて、迎えてくれるような配置にすることで子どももごきげんに過ごせると思います。

ベッドの向きが決まったら、デスクや本棚、収納家具などを使いやすいように配置しましょう。

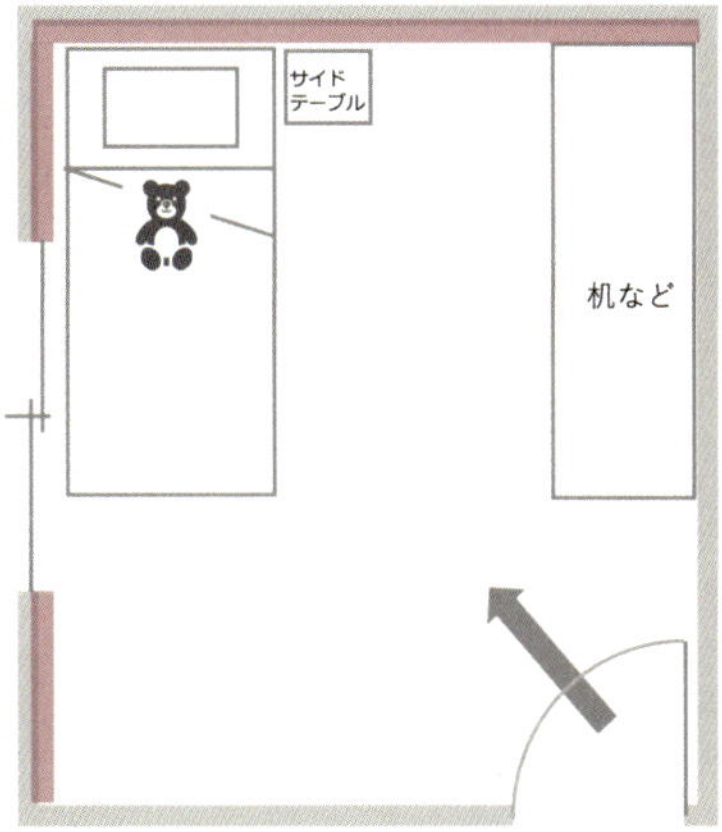

子ども部屋におすすめの配置。

●子ども部屋の照明は勉強とリラックスを考える

子ども部屋で気をつけたいのは照明です。

日が落ちるまでは、白い光（昼白色など）が活動的に過ごすのに向いていますし、暗くなってからは、オレンジ色の光（電球色）がリラックスして過ごすのに向いています。どちらか1つなら、自宅というのは心地よくリラックスできる場所であるべきですから、電球色がおすすめです。

ただし、リラックスしすぎては勉強や宿題に集中できなくなりますから、デスクの上には白い光のデスクライトを用意し、より効果的な学習環境を整えましょう。

夜、眠りにつく頃には、白い光は消して、再びリラックスできる雰囲気にすればOKです。

スムーズに眠りにつくためには、部屋を暗めにするほうがいいので、天井照明を消してベッドサイドのテーブルランプ（電球色）だけを点灯できると、さらにいいでしょう。優しい光に包まれながら安眠できます。

子ども部屋を快適で機能的な空間にするために光の環境を整えることで、心身の成長もサポートできます。

●子どもの個性を反映する

子どもは自分の好きなものを収集することが得意です。好きなポスターを壁に飾ったり、集めたフィギュアなどをディスプレイすることは、創造力を育み、自己表現や自信を持つことにつながります。

子ども部屋は子どもの成長の舞台ですから、子どもの好みや興味を尊重し、より愛着ある空間になるよう、親はサポートしてあげるのが理想的です。

壁紙を張り替えたり、ペイントをする機会があれば、子どもに色や柄を選ばせてあげると一生の思い出になるかもしれません。

一緒にＤＩＹができるなら、さらに印象深い出来事になるでしょう。

Column

2

思い出はどんどん飾ろう

「思い出は捨てられない」

多くの人にとって思い出に関わるモノは捨てにくいものでしょう。

子どもの頃にもらった賞状、卒業や退職の際にもらった色紙や記念品、旅先や美術館で買った絵葉書などなど。すてきな感情を思い起こすモノは、大切にしたいあなたの宝物です。

思い出深いモノはどんどん飾ることをおすすめします。

「足すインテリア」のいいところは、少しくらいテイストが違うモノが入っても気にならないことです。

また、たくさん飾っていればちょっと「部屋の雰囲気に合わないモノ」があっても目立ちません。「部屋の雰囲気に合わないモノ」も、あなたにとっては大切なモノ。それを目にするたびに、思い出とともにあたたかい気持ちを思い起こすことができるでしょう。

我が家の場合、子どもと一生懸命海岸で拾った石ころとか、大切な人にいただいたモノとかがそれに当たります。

旅先でお土産として小さいモノを買うという人も多いのではないでしょうか。持ち帰りが楽だったり、家での収納場所に困らないようにするためだったり、理由はさまざまだと思います。

いずれにしても、新しく入ってくるモノには住所（決まった位置）がないので、とりあえず適当にしまって、いつの間にか忘れてしまう……そんな経験はありませんか？

旅先で買うお土産も、部屋を「飾る」という感覚を持って選べば、違った選び方になるでしょう。旅行に行くたびに少しずつ増やせば、住まいは思い出の宝箱になり、あなたの歴史を物語るモノになります。

それは一朝一夕にできるわけではなく、長い年月をかけてインテリアをつくりあげる楽しみにつながります。

また、写真はモノよりもはるかに多くを語ってくれます。モノを買わなくても写真に残すことで旅の楽しさが一層いい思い出となり蘇ってきます。

デジタルデバイスで楽しむのもよし、紙のアルバムをつくるのもよし。そして特別に気に入った写真は、ぜひフォトフレームに入れて飾って楽しみましょう。

Chapter 3

あなたのセンスを「見える化」する

―私らしい部屋のつくり方―

あなたのセンスを「見える化」する

このChapterでは、よりあなたらしい空間にするために、「個性」と結びついた唯一無二のセンスを「見える化」していきます。

知識によって「おしゃれな部屋」をつくることはできますが、「真に心地いい部屋」にするには、個性と結びついたセンスが大きく影響してきます。

まずは「本当の好みがわかるワーク」で、ご自身の「センス＝個性」を発見してください。

AとBの2段階に分かれているので、まずはワークAからどうぞ。

Aだけでも十分ですし、もっとこだわりたい人はBもやってみてください。

【本当の好みがわかるワークA】

●あなたにぴったりの「足し算」を知ろう

次ページに、冒頭にも載せたインテリアが違う4つの部屋があります。

ルーム1　白っぽく、色やモノが少ないミニマリスト的な部屋。

ルーム2　ベージュやグレーなどベーシックな色あいで、パーソナルチェアやラグ、クッションなどが足されている部屋。

ルーム3　彩りが感じられる部屋。オレンジと青が印象的で、アートやランプなどが足されている。

ルーム4　壁にも色があり、カラフルな部屋。2人がけソファやたくさんの小物が足された、マキシマリスト的な部屋。

room 1

白っぽい部屋

色やモノが少ないミニマリスト的な部屋。

ベーシックな色あいの部屋

room 2

ベージュやグレーなどベーシックな色あいの部屋。パーソナルチェア、ラグ、クッションなどが足されている。

room
3

彩りが感じられる部屋

オレンジと青が印象的な部屋。
アートやランプなどが足されている。

カラフルな部屋

room
4

壁にも色があり、2人がけのソファやたくさんの小物が足された、
マキシマリスト的な部屋。

4つの部屋と左ページのカラーチャートを見ながら、次の質問に答えてください。

（1）モノの量はどれくらいが好みですか？

4つの部屋は、家具やインテリア小物等が増えていく様子がわかります。
好きだな、心地よさそうだなと感じるのは、モノがどの量の部屋ですか？

（2）色の数はどのくらいが好みですか？

4つの部屋は、それぞれ取り入れている色の数が違います。

あなたが好きだな、心地よさそうだなと感じるのは、どのくらいの色の数がある部屋ですか？　色の好みに左右されず、色の数だけで判断してください。

（3）どの色が好きですか？

カラーチャートに並んでいる色を、見てください。
どの色がいいと思いましたか？　2〜3色選んでください。

【ワークAの質問に答えたら……】

このワークを通じて、あなたが好む物の量や色の組み合わせがわかります。たとえば、ルーム2のようなシンプルな部屋が好きだとわかれば、そこに白分の好きな色を足すなどの工夫ができます。

もし、もっと大胆に模様替えをしたい場合は、ルーム3やルーム4のように、家具やインテリア小物を増やしてみることもできます。いま持っている家具をベースに、イスやアイテムを買い足す必要が出てくるかもしれません。その場合も、カラーチャートで相性のよい色を足していくと、部屋の完成度が上がります。

インテリアの色に使いやすい70色のカラーチャート

【本当の好みがわかるワークB】

理想の部屋をビジュアル化してみよう

ワークAだけでもある程度は理想の部屋づくりはできますが、あなたの理想にピッタリの部屋がなかったかもしれません。そこで、画像検索を利用してあなたの理想を見つけてみましょう。

おすすめの画像検索ツールは、「ピンタレスト」です。

あなたが選んだ色やイメージ、インテリアのスタイル（モダンインテリア、クラシックインテリア、ナチュラルインテリア、エレガントインテリア、カラフルインテリア、北欧インテリア、ラグジュアリーインテリアなど）をキーワードにして、検索してみてください。

たくさんの画像が出てくるので、その中から気に入ったものを保存して、参考にしましょう。お気に入りの画像を保存して、ときどき見返したりプリントしておくと、理想の部屋づくりが進みます。

「私はこういう部屋に住む！」と決めて、理想の部屋での暮らし方や人間関係までイメージできれば、「私スタイル」の部屋の完成は遠からず実現できるでしょう。

「足すインテリア」では色もどんどん足していい

「本当の好みがわかるワークA」の（3）で、スムーズに好きな色を答えられた人も多いのではないでしょうか？

色は、とてもわかりやすいあなたのセンスの基準になります。

それなのに、なぜかインテリアとなると、「色選びが難しい……」と感じてしまう人が多いようです。私のインテリア塾の生徒さんからも「本当はこの色を使いたいけど、色味が増えると部屋がごちゃごちゃしてしまう気がして、結局、無難な色を選んでしまう」という声をよく聞きます。

その原因は、日本のインテリア雑誌などでよく見かける、「色のセオリー」にあるのかもしれません。

「ベースカラー、メインカラー、アクセントカラーの3色にすると、部屋の雰囲気がまとまる」

「ベースカラーを70％、メインカラーを25％、アクセントカラーを5％にすると、バランスのとれたコーディネートができる」

などいろいろ言われていますが、実は私はこれを意識したことはありません。

どこまでがベースカラーなのかよくわからないし、部屋のどの位置にいるかによって見える色も変わってきます。3色におさえるインテリアも確かにありますが、別のインテリアもたくさんある、という感じです。

「足すインテリア」では、色もどんどん足していって大丈夫です。色使いのコツを知っておけば、色はそれほど難しくありません。仮に合わないと感じたとしても何かをまた「足す」ことでバランスをとっていくことができます。洋服でも、スカーフやアクセサリーを足すことで全体がまとまることがありますよね。

まずは色の基本を知り、色使いのコツを習得していきましょう。

▼基本の10色で相性を知る

「茶色はオレンジです」

と聞いて、頭の中にはてなマークが浮かんだ人は多いのではないでしょうか？

でも、茶色はオレンジなのです。

そのカラクリを説明するために「基本の10色」の話からはじめましょう。

次の色相環図《しきそうかん》のように、色には基本となる10色があります。カラーチャートの一番上段の横ラインです。相性を知るには、この並びが大切です。

この10色に白・グレー・黒のグラデーションのいずれかを混ぜ合わせることで、数

色相環図(基本の10色)

えきれないくらいの色ができます。

たとえば原色の赤に白を混ぜれば、ピンクになりますよね。白の量によって、いろいろなピンクができます。そこにグレーを混ぜれば、グレーがかったピンクになります。グレーにも薄いグレー、濃いグレーがあるので、グレーがかったピンクにも、さまざまな色があります。

ピンクは、基本の10色にはない色ですが、どのピンクもすべて「赤グループ」の同じ色の仲間です(チャート内①)。「赤紫グループ」の中に、紫寄りのピンクもあります。

インテリアの色に使いやすい70色のカラーチャート

③茶色は赤グループ、オレンジグループ、黄色グループであることが多い。

①どのピンクも赤グループの仲間

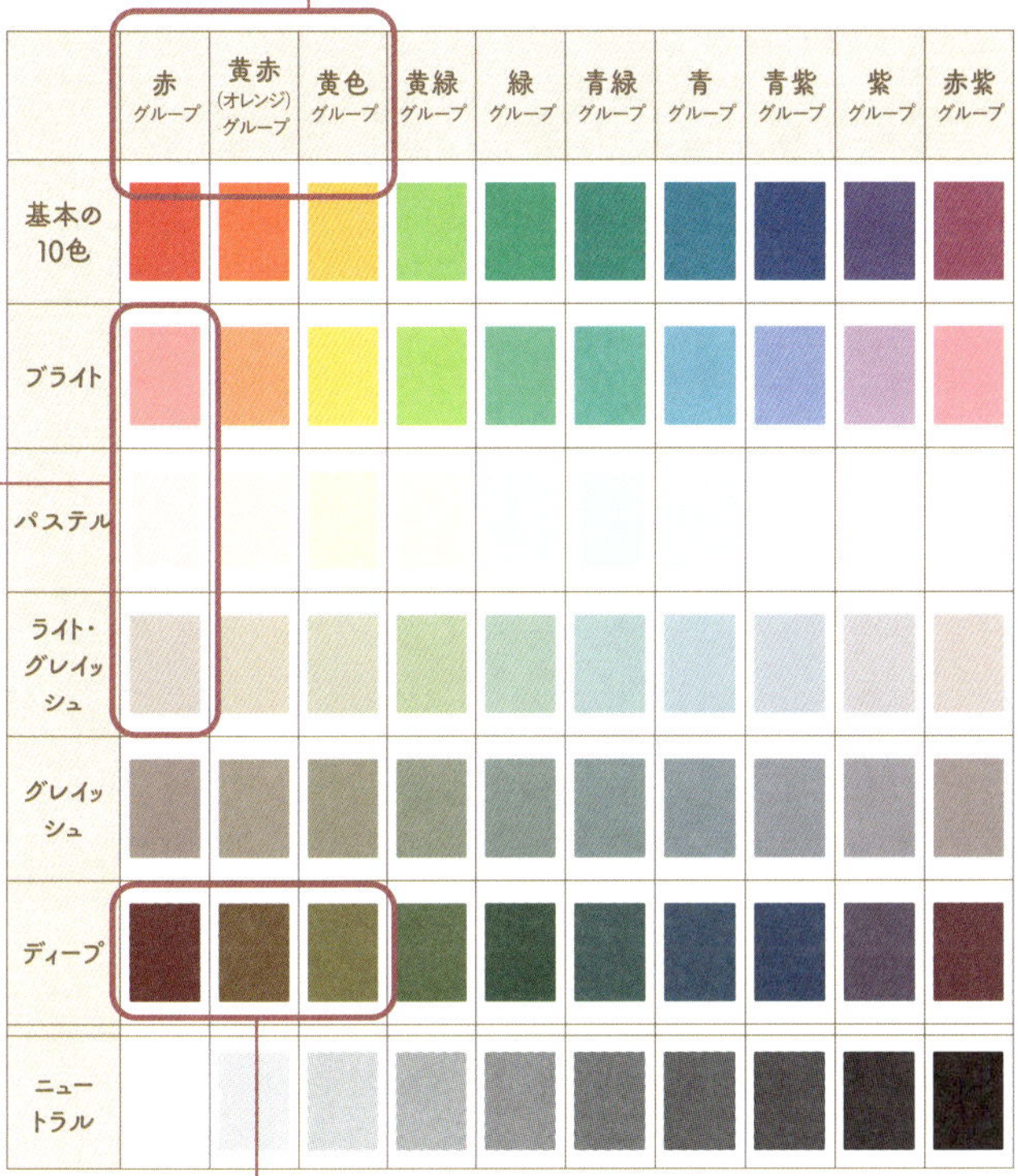

②赤グループ、オレンジグループ、黄色グループにグレーや黒を加えていくと茶色になる。

「茶色はオレンジです」のカラクリの答えも、これでおわかりだと思います。鮮やかなオレンジ（黄赤）に、黒やグレーを加えていくことで茶色になります（②）。足す黒の量によって、さまざまな茶色ができあがりますが、多くの茶色は黄赤（オレンジ）のグループです。

茶色は、オレンジのグループ以外にも、赤っぽい茶色、黄色っぽい茶色があり、それぞれ赤のグループ、黄色のグループにあります（③）。色の境界線はあいまいなのです。

本書のカラーチャートではインテリアに使われやすい70色を示しましたが、**色は500万色とも1000万色とも言われるくらい、とにかくたくさんあります**。

それがわかると、インテリアの色を「3色以内におさえる」のが難しいのもおわかりでしょう。

ですから、**色の数を数えようとせず、相性のいいグループ同士の色を組み合わせていきましょう**。

相性を知れば、たくさんの色を使うこともできますし、おしゃれな感じがする色使いもできるようになります。

▼相性を知れば色選びは怖くない

色の相性を理解すれば、色選びは決して難しくありません。**基本の10色を基準にして、相性のよい色を少しずつ足していけばいい**のです。

相性のよい色はみなさんが思っている以上にたくさんあります。茶色や白、黒といった無難な色だけでインテリアをそろえれば安全と思いがちですが、ぜひ色に挑戦してみてください。

それこそが個性を引き出し、「私スタイル」のインテリアをつくる第一歩になります。

相性がいい色のグループは次のカラーチャートのように、5つあります。

カラーチャートで相性のいい色がわかる

②右隣または左隣のグループは類似色。たとえば、黄赤グループの類似色は、両隣の赤または黄色グループ（ただし、赤と黄色グループ同士など、軸となる色の両隣同士は、類似色ではない）。

①縦のグループは同系色。

⑤横ラインはトーンが同じグループ。

④無彩色のグループ

③5個隣り（色相環の反対側）とその両隣は反対色。たとえば、赤グループの反対色は青緑グループで、その両隣の青グループと緑グループも反対色。

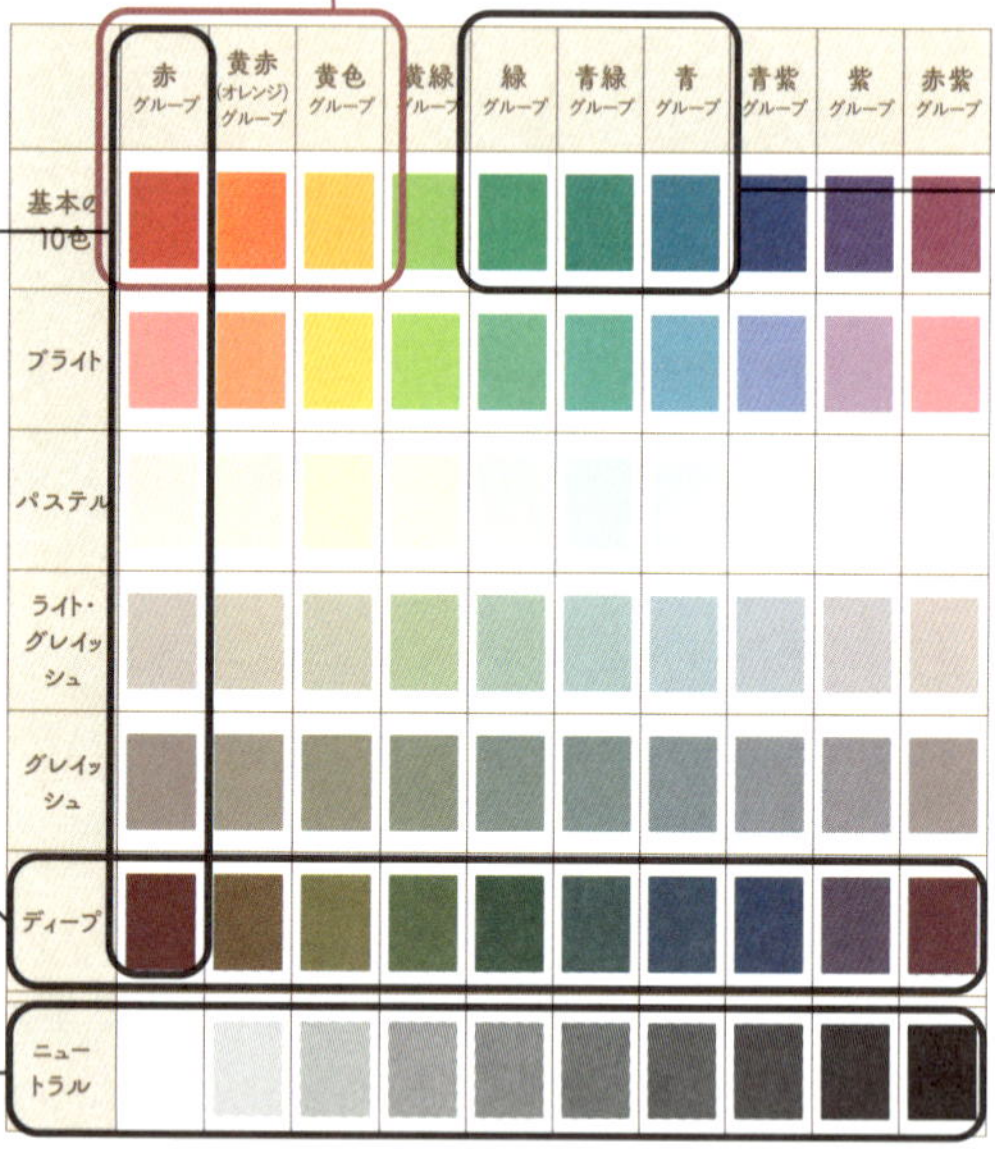

←こちらの図だと、赤グループの反対側が青緑グループであることがわかりやすい。青緑の両隣の緑と青も、赤の反対色。

①同系色（カラーチャートの縦のグループ）

同じグループの色で、家具やクッションなどを組み合わせるのは、もっともかんたんで失敗しない「足し算」です。「赤グループ」なら赤やピンク、「オレンジグループ」ならオレンジや茶色が該当します。

カラーチャートを見ると、横ラインの一番上に基本の10色があり、縦ラインにはその色に白やグレー、黒を混ぜたグラデーションが並んでいます。もともと同じ色を基にしているので、これらの色が相性抜群なのは当然と言えます。

日本の一般的な洋風の部屋では、白い壁と茶色い床（フローリング）がよく見られますが、実はこれも**「オレンジグループ」で統一されている場合が多い**のです。

壁の白も純白ではなく、オフホワイトや薄いベージュ色など、少し色味があるものが多く、これらは白に近いオレンジ（オレンジグループ）に分類されます。茶色もオレンジグループに属しているため、白い壁と茶色いフローリングは、同じグループの色同士というわけです。

つまり、部屋の大部分を占める壁と床が「オレンジグループ」なら、カーテンや家具、小物も同じ「オレンジグループ」の色を選べば、かんたんに統一感のあるコーディネートができます。たとえば、ベージュのカーテンやオレンジのクッションなど、同じグループ内の色は自然に調和します。

オレンジグループのコーディネート。

②類似色（カラーチャートの右隣、または左隣）

同じ「オレンジグループ」の中でも、白っぽい色やベージュ、茶色、オレンジなど、さまざまな色があります。そのため、単調になりにくいのですが、さらに変化をつけたい場合は、隣り合う色のグループを組み合わせるのがおすすめです。

赤グループとオレンジグループのコーディネート。

赤グループと赤紫グループのコーディネート。

たとえば、「赤グループ」と「オレンジグループ」は隣同士なので相性が抜群です。
また、「赤グループ」の反対側に位置する「赤紫グループ」も、色相環で言う「赤グループ」と隣なので、相性のよい組み合わせです。

ですが、選ぶ色には個人の好みが反映されます。同じ赤でも、オレンジ寄りの赤が好きな人もいれば、紫がかった赤が好きな人もいるでしょう。

もしオレンジ寄りの赤が好きなら、「赤グループ」と「オレンジグループ」の中で配色すると、まとまりのある心地よい空間がつくれます。

逆に、紫がかった赤が好きな人は、「赤グループ」と「赤紫グループ」の中で配色すると、調和のとれた空間が完成します。

③反対色（カラーチャートの5個隣とその両隣）

反対側のグループも、相性がよい色の組み合わせです。ここではその隣のグループも含めて考えてみましょう。

「赤グループ」の反対側に位置するのは「青緑グループ」。さらに、その「青緑グループ」の両隣にある「青グループ」と「緑グループ」も「赤グループ」との相性がとてもよい組み合わせになります。

このような組み合わせは、コントラストが強く、お互いの色を引き立てる効果があります。クリスマスカラー（赤と緑）は、そのわかりやすい例ですね。

グループ内の色で考えると、ピンクとペパーミントグリーンの組み合わせも反対色でとても相性がよく、さわやかな印象になります。

反対色はアクセントカラーに向いていると言われることが多いですが、その使い方は自由です。「反対色は全体の5％の面積におさえるべき」などという意見もありますが、必ずしもそうではありません。

相性のよい色同士であれば、使う割合は自由に決めて大丈夫です。

具体例として、茶色のフローリングと反対色の青い壁の組み合わせを考えてみましょう。水色や紺の壁は近年人気です。

茶色はオレンジグループに属しているので、青い壁との組み合わせは反対色になりますが、青色を「全体の５％におさえなくてはならない」ということはありませんね。

（上）オレンジグループのベースに青を足した例。（下）青をより大胆に使ったコーディネート。

④無彩色（カラーチャートのニュートラル）

無彩色とは、白・グレー・黒です。色がないという意味で「無彩色」と呼ばれ、どんな色ともよく合います。便利な色とも言えます。

無彩色だけを使ってカラーコーディネートすることを「モノトーンコーディネート」といいます。

無彩色のコーディネートの部屋。

無彩色は何色にでも合うので、他の色グループのインテリアのアクセントにもなる。

⑤トーンが同じ色（カラーチャートで横ラインのグループ）

最後にトーンが同じグループの色についてお話しします。こちらは「基本の10色」とは別の考え方です。

「トーンが同じ」とは、カラーチャートで言うと、横のラインで合わせることで、基本の色に足している白・グレー・黒の濃度がほぼ同じ色のグループです。

ディープ（上）とライトグレイッシュ（下）。カラーを横ラインでそろえた部屋。

これまで説明してきた、同じ色のグループ、隣の色のグループ、反対色のグループからはずれても、トーンが同じなら、とたんに相性はよくなります。

たとえば、赤ちゃんの部屋なら「パステル」、子ども部屋なら「ブライト」、大人っぽいインテリアなら「ディープ」などが人気です。

＊＊＊＊＊

このように、同じグループ、隣のグループ、反対側のグループ、無彩色、トーンが同じグループの5つは、どれも相性のいい色の組み合わせです。

「3色まで」などと考えず、「相性のいい色」を自由に色を足してみましょう。

どの色を足すかだけでなく、色のボリュームによっても、部屋の印象は変わります。

カラーコーディネートだけでも、インテリアの楽しみが広がりますね。

ブライトカラー中心のカラフルな部屋の例。

▼カラフルな部屋にしたい場合

カラフルとは目に見える色が数多く使われていること。

海外のインテリア写真では、たくさんの色が使われているのに、ごちゃごちゃした感じもなく、おしゃれで楽しい印象の部屋が多く見られます。あなたが集めたインテリア画像の中にも、そうした部屋があったかもしれません。

カラフルに部屋をまとめたい方へのコツは1つです。

それは、**トーンを合わせる**こと。

相性のいい色の⑤（172ページ）の通りなのですが、トーンが同じであれば何色使っても問題なく、トーンの持つ世界観を存分に楽しむことができます。

一例をご紹介しましょう。

・パステルカラー
原色に白をたくさん混ぜたような色です。パステルカラー同士なら、優しい色のカラーコーディネートになります。

・ブライトカラー
白やグレーがあまり入らない鮮やかな色のグループです。色味が鮮明なので、楽しく元気な雰囲気のカラーコーディネートになります。

・グレイッシュカラー

淡いグレーを混ぜたグレイッシュカラー、濃いグレーを混ぜたグレイッシュカラーなど、さまざまな色調があります。カラフルにしても穏やかな色調です。

・ディープカラー

深みのある落ち着いた色のグループです。カラフルにすることで楽しい雰囲気にもなります。

▼カラフルにしないで、シンプルにまとめたい場合

「色はなるべく使いたくない」「シンプルにまとめたい」という人も多いことでしょう。部屋全体をオフホワイトやベージュ、グレーなどのベーシックなカラーでまとめるインテリアは、広く人気があります。

そのように色数をなるべく減らしたいときは、素材や柄のバリエーションを「足す」

ことで部屋がイキイキとしてきます。

たとえば、黒づくめのファッションでも、トップスの袖の部分がシースルーになっていたり、マットな部分と光沢の部分があったりするだけで、黒の印象が変わりおしゃれな雰囲気になりますよね。アクセサリーを足すとさらに華やぎます。

空間も同じです。
ソファもクッションも白で統一したい場合、同じ素材や無地だけでは、単調な印象になってしまいます。
ソファが白×白の織り柄の生地なら、クッションはサテンやシルクのようなツルンとした生地、ベルベット、モコモコした生地、革、同系色の柄が入っている生地など、色はそろえて違う素材を合わせてみましょう。

洋服のアクセサリー的な役割を果たすものとしては、金属やガラスなどの素材があります。

ガラスはテーブルの天板や花瓶、ランプのボトム（脚の部分）、キャンドルホルダー、その他の置き物など。ミラーも入れていいでしょう。

金属は、家具の脚や取っ手、ランプのボトム、フォトフレーム、アートやミラーの額、キャンドルホルダー、置き物などにあるといいですね。

似た色合いの部屋でも、上は木材の温かみ、下はガラスの軽やかさ、シャンデリアの現代的な輝きと、組み合わせるモノの素材で違いが出る。

素材の役割は意外と大きいものです。木材は温かみを、金属は現代的な輝きを、ガラスは軽やかさや透明感を、布地はやわらかさを、石は存在感や重厚感を……というように、さまざまな素材感が空間のバランスをとってくれるのです。

色もモノも足したくない、というミニマリスト的な方は、より素材の工夫が大切です。少ないモノでも素材の力があれば、大きな存在感となるからです。

▼まとまりやすい色のコーディネート例

実際の空間で配色を考える際のヒントをお伝えしておきましょう。

まず、**大きな部分は相性のいい色でそろえるようにしましょう**。大きな部分とは、床、壁、天井、大きな家具、大きなラグや目立つものです。

一方で、小さい部分はあまり気にする必要はありません。

例を挙げてみます。

一般的な日本の洋室は、前述の通り、床も壁も「オレンジグループ」のケースがよくあります。色をあまり使いたくない人は、オレンジのグループか、どちらかの隣（赤か黄色）のグループの色で、ソファ、コーヒーテーブル、パーソナルチェア、ラグ、カーテンなどをそろえていきましょう（165ページ）。

ファブリックは**ベージュ系などを中心にそろえると、穏やかな雰囲気になります。**クッションもベージュや白っぽいもの、茶色っぽいものなど同じグループか隣のグループでそろえます。

素材を変えたり、柄を入れたりして変化をつけましょう。反対色を入れる場合も、グレイッシュカラー（灰をまぜた色）など落ち着いた色であれば、穏やかにまとまります。

一方、**アクセントカラーが効いたメリハリのある空間にしたい場合は、原色に近いはっきりと色味がわかるような色を取り入れましょう。**

オレンジベースに何にでも合う無彩色を足したコーディネート。

グレイッシュカラーで反対色を入れたコーディネート。

反対色を効かせたメリハリのあるコーディネート。

同じグループ、隣のグループ、反対のグループの好みの色でかまいません。どれだけ取り入れるかもお好み次第、ソファやパーソナルチェアなど比較的大きな部分に取り入れてもいいですし、クッションなどに少し取り入れるのでもいいでしょう。

ただ、アクセントカラーは少し取り入れるだけだと効果が弱かったり、強い色の場合は唐突に感じられる場合もあります。その場合は、別の場所で同じような色を少し足してみましょう。

たとえば青いクッションが1つポツンとあるより、別の場所にも少し青が入っているほうが青を使っている効果が感じられます。

なお、ちょっとした置き物やアート、クッションの柄など小さい部分は、少しくらい唐突なデザインや色でも、気にする必要はありません。むしろ、少しはずしたくらいのほうが、いいスパイスになって「私スタイル」が実現しやすくなります。

ただし、これがうまくいくのは、ある程度「足している」場合です。モノが少ない部屋では、1つひとつのアイテムの存在感が大きくなるため、唐突な色が目立ちすぎてしまうことがあります。

「私スタイル」をつくるプチアイテムたち

色使いのコツは理解できたでしょうか?

コツを知ると、色選びも難しくありません。

といっても、大きな部分をすぐに変えるのは難しいですね。

そこで、小さなモノで個性を出しやすいおすすめのアイテムをご紹介します。

カラーが統一されていなくても「見せ場」がしっかりあることで魅力的な空間にすることができますし、小さなモノで全体の雰囲気を整えていくこともできます。


また、大きな部分は白、ベージュ、グレーなどのベーシックな色にして、小物で個性を足していくのもやりやすくておすすめです。

ファッションにたとえるなら、白いTシャツにブルーデニムのシンプルなスタイルにアクセサリーやストールなど、小物で雰囲気を変えるようなものです。

アクセサリー同様、面積は小さくても大きな存在感となってくれるインテリア小物はたくさんあります。

▼クッションは何かと優秀なアイテム

何度も例に挙がっているクッションですが、もっとも取り入れやすく、実用品としてもインテリア小物としてもとても優秀なアイテムです。

クッションの利点を挙げてみましょう。

- あなたの個性をプラスする
- 部屋に温かみを加える
- アクセントカラーを足せる
- 季節感を演出する
- 部屋がワンランク上に見える

Ｃｈａｐｔｅｒ１でも紹介しましたが、たとえソファが安価なものだったとしても、クッション１つでソファを含めた一角をグレードアップさせることもできるのです。手軽で効果の高い模様替えになりますね。

クッションやクッションカバーはインテリアショップで既製品を買う人が多いと思いますが、オーダーカーテンを取り扱うお店で生地を選んでオリジナルをつくってもらうこともできます。

裁縫が得意な方は、ぜひ自分でつくってみてください。既製品以上に愛着が湧くでしょう。

クッションにかぎらず、小さなモノを季節ごとに変えたり、自分で手づくりしてみたり、オーダーでオリジナルをつくってみたりするのも、インテリアを整える楽しさです。

▼本はインテリアの名脇役

「A room without books is like a body without a soul」

――これは、「本のない部屋は魂のない体のようだ」という意味の名言で、「本があってこそ部屋は部屋らしくなる」というニュアンスを伝えています。この言葉は、ローマの政治家であり哲学者のキケロの思想や価値観を反映したものとして後世に広まり、彼の名言として親しまれています。

実際、本があると空間に温かみが加わり、よりイキイキとした雰囲気になります。112ページでご紹介したコーヒーテーブルブックだけでなく、サイドテーブルやキャビネットに重ねて置いても、インテリアのアクセントになります。

オープンシェルフや本棚を利用する場合も、ぎゅうぎゅうに本を詰め込まず、少し余裕を持たせて、間にアートや写真、小物などを組み合わせたり、照明を組み合わせたりすることで、本棚がすてきな背景となり、フォーカルポイントになります。

本棚が背景となり、全体ですてきなシーンをつくっている。

本を縦置きする場合は、整然と並べることで整った印象になります。

お気に入りの表紙の本は、表紙を見せてディスプレイすれば、アートのように楽しむこともできます。

縦置きの本と横置きの本を組み合わせるのも楽しい工夫です。

本は、住む人の趣味や興味、そして価値観までもが反映されるアイテムです。だからこそ、本のある空間はあなたにとって心地よく、友人が来た際にはあなたらしい温かさを感じてもらうことができるでしょう。

▼アートでインテリアは完成する

日本ではアートを飾っている人は多くないのですが、見せ場をつくるにはアートはとてもいいアイテムです。「インテリアはアートで完成する」と思って、意識を向けてみてください。

●絵はがきや写真もアート。アートの種類とは?

Chapter2でも説明したように、本書で言うアートとは、作家作品（作家を名乗る人物がつくった作品）とはかぎりません。

ポスターなどの印刷物、絵はがきや家族写真、スクラップなど、あなたが見ていて心地よくなるモノすべてです。

額縁に入れたら立派なアートです。たくさん飾りたい場合も、似た額にすれば統一感を出せるので、さまざまなテイストのものを同居させることができます。

この事例ではクライアントの叔母様の若い頃の写真を額装。額装することで大きさをそろえることができる。

また、インテリアの雰囲気に合わないようなアートも、額装することでマット(台紙)とフレームが印象を大きく左右して、うまくコーディネートできる。

●作家作品を買う場合

作家作品は、ハードルが高いと思っている方は少なくありません。ですが、堅苦しく考える必要はありません。「アート性を理解しないと買ってはいけない」などと思わず「リビングにこれが飾ってあったらすてきだなぁ」という気軽な気持ちでいいのです。

音楽の場合も、作曲家や作詞家の意図を理解せずとも「このメロディ好きだなぁ」「この曲を聞くと元気になる」など、単純に好みで選んでいますよね。

なるべく空間はすっきりさせたい、余計なモノは置きたくない、という場合も、アートは「すっきり」を強調してくれることがあります。色味があまりないアートや、端正なライン（直線）で構成されたアートなど、もしピンとくるアートと出会えたら、手に入れることを検討してみてください。

●部屋のコンセプトを際立たせる

もし、あなたの部屋に「海」「モノトーン」など、コンセプトがあるなら、そのコンセプトを強調するにもアートはいいアイテムです。

【コンセプト例】

地域にまつわるもの：北欧風、和風、フランス風など、地域の要素を取り入れたスタイル。

時代にまつわるもの：クラシック、モダン、ミッドセンチュリー、アールデコなど、特定の時代やデザインの流れを反映したスタイル。

趣味にまつわるもの：旅、音楽、花など、個人の趣味やライフスタイルを反映させたスタイル。

インテリアのテイストに関わるもの：透明感、ラグジュアリー感、インダストリアルなど、空間の雰囲気や質感に影響を与えるスタイル。

色に関わるもの：パステルカラー、ビタミン（ブライト）カラー、オータム（ディープ）カラーなど、カラースキームによる印象を重視したスタイル。

たとえば、海が好きで海を感じる部屋にしたいなら、海の写真を額縁に入れるといいでしょう。海をテーマにした作家作品もたくさんあります。

また、モノトーンでまとめたいなら、モノクロの写真を額装して足すことで、モノトーンの印象を際立たせることができます。

コンセプトは単体でも魅力的ですが、「日本、北欧、モダン、ブライトカラー」「フランス風、クラシック、モノトーン」など、組み合わせることでさらにコンセ

海をコンセプトにした部屋。

プトが明確になり、スタイルのある部屋をつくることができます。

●殺風景な部屋に足す

「なんか物足りないな」と感じたときに、もっともバランスよく足せるのも、アートの利点です。

部屋に色を増やしたくないけれど、少し色を足したくなった場合にも適しています。もしもアートの色が唐突に感じられたら、その色をクッションなど別の場所でも使うことで、色をつないでみましょう。すると、1つのものが目立ちすぎておかしい、ということがなく、調和した空間になります。

●フォーカルポイントとしてのアート

目線の高さに来るところに何かがあると、そこに視線が行きやすくなります。その意味でも、アートはフォーカルポイントをつくるのに大変向いています。

海外では、壁面をアートで埋め尽くしているインテリア事例もよく見かけます。日本人は、そこまでだと飾りすぎと感じる人も多いと思います。

もちろん、同じように飾る必要はありません。「心地いい」ボリュームは人それぞれ違います。

複数飾る場合は、縦横をそろえるか、どこかにそろっているところがあるときれいに見えます。

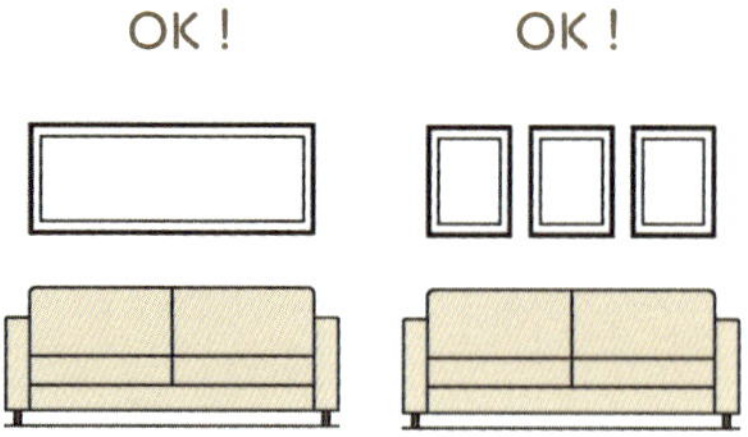

アートをソファの大きさに揃えたパターン。

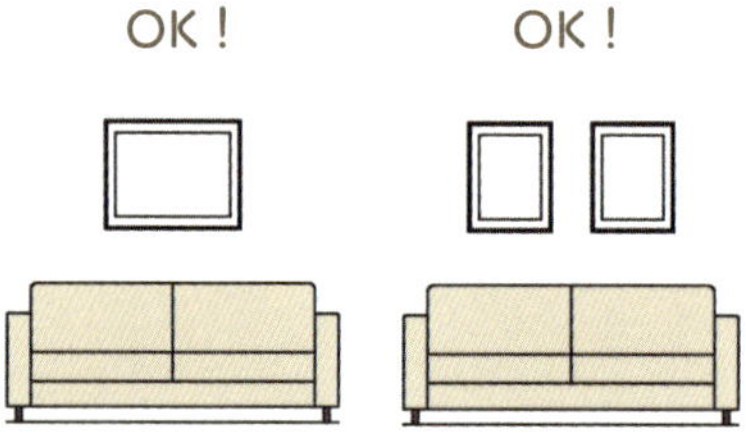

アートをソファより小さめにしたパターン。

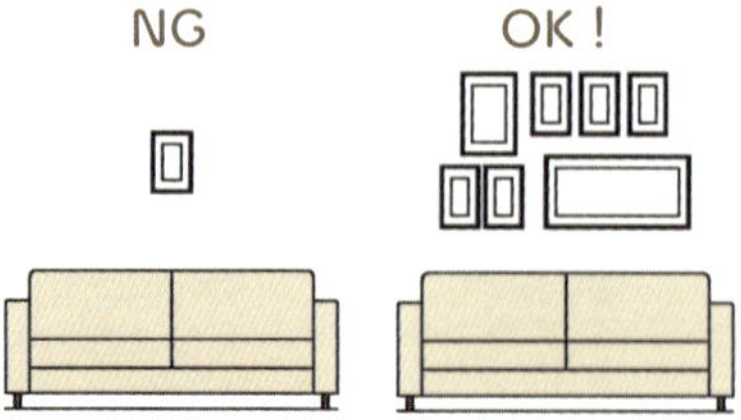

アートが小さすぎるとフォーカルポイントにならず、バランスも悪い。アートをいくつか組み合わせてボリュームを出す。

また、自分の経験や思い出と関連するアートがあればぜひ足してみましょう。多少他のモノと色や雰囲気が違っても大丈夫です。

Ｃｈａｐｔｅｒ２で紹介した通り、「ウエルカム」や「シンメトリー」で、大きな部分が整っていれば、それだけでインテリアはすてきに見えるのです。

最後に、**アートはとてもパーソナルなもの**です。

私はお客さまにもアートを提案することがよくあるのですが、たとえ私が空間にとてもよく合っているなと感じても、お客さまにとっては「ピンとこない」ということもしばしばあります。それなら、当面飾らなくてよいのです。

ご自分の「好き」との出会いを大切にしていただきたいと思います。

小物をかっこよくスタイリング

ここでは、より小さな部分のスタイリング（インテリア小物の飾り方）についてご紹介していきます。あなたのセンスがより発揮できる場所です。

キャビネットやチェストなどの収納家具、コンソールテーブル、コーヒーテーブルやサイドボードなどの上に好みのモノを飾って、あなたらしさを演出しましょう。

▼三角形のスタイリング

1つめは「三角形のスタイリング」です。三角形には頂点があるので、高さを意識したスタイリングのことを言います。

次のポイントをおさえることで、バランスよく、かつ動きのあるフォーカルポイン

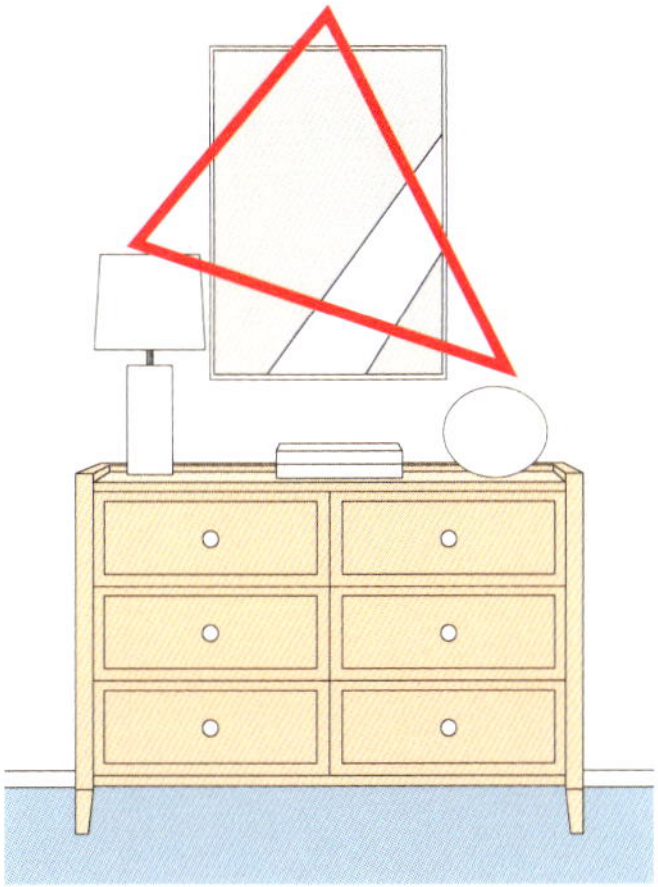

トをつくることができます。

●目線の高さにアイテムを足す

効果的な見せ場をつくるためには、まず目線の高さに何かを足すことが大切です。**目線の高さに置きやすいアイテムは、アート（絵画やポスター）やミラー**です。このようなアイテムを三角形の頂点（中心）にして足していくことで、三角形になり、バランスがとりやすくなります。

●ある程度高さがあるアイテム、高さが異なるモノを足す

三角形の頂点が決まったら、次に足すアイテムもある程度の「高さ」を意識しましょう。おすすめのアイテムは、**テーブルランプ**です。高さがあり、フォーカルポイントに光も当てられるので一石二鳥です。その他、花瓶、キャンドル、置き物などなんでもかまいません。本を平積みにして高さを調整するのもいいでしょう。

●小さいアイテムは、トレーなどにまとめる

小さい置き物や小ぶりな一輪挿しなど、小さいものはトレーにまとめて、ある程度ボリュームを出しましょう。細かいアイテムたちを載せたトレーが1つのインテリア用品になります。

●二等辺三角形、不等辺三角形を意識する

三角形のつくり方には2種類あります。

二等辺三角形のスタイリング……目線の高さに飾ったアイテムを基準に、同じ高さのアイテムを左右対称に足す。

不等辺三角形のスタイリング……目線の高さに飾ったアイテムを基準に、左右に高さの異なるアイテムを足す。

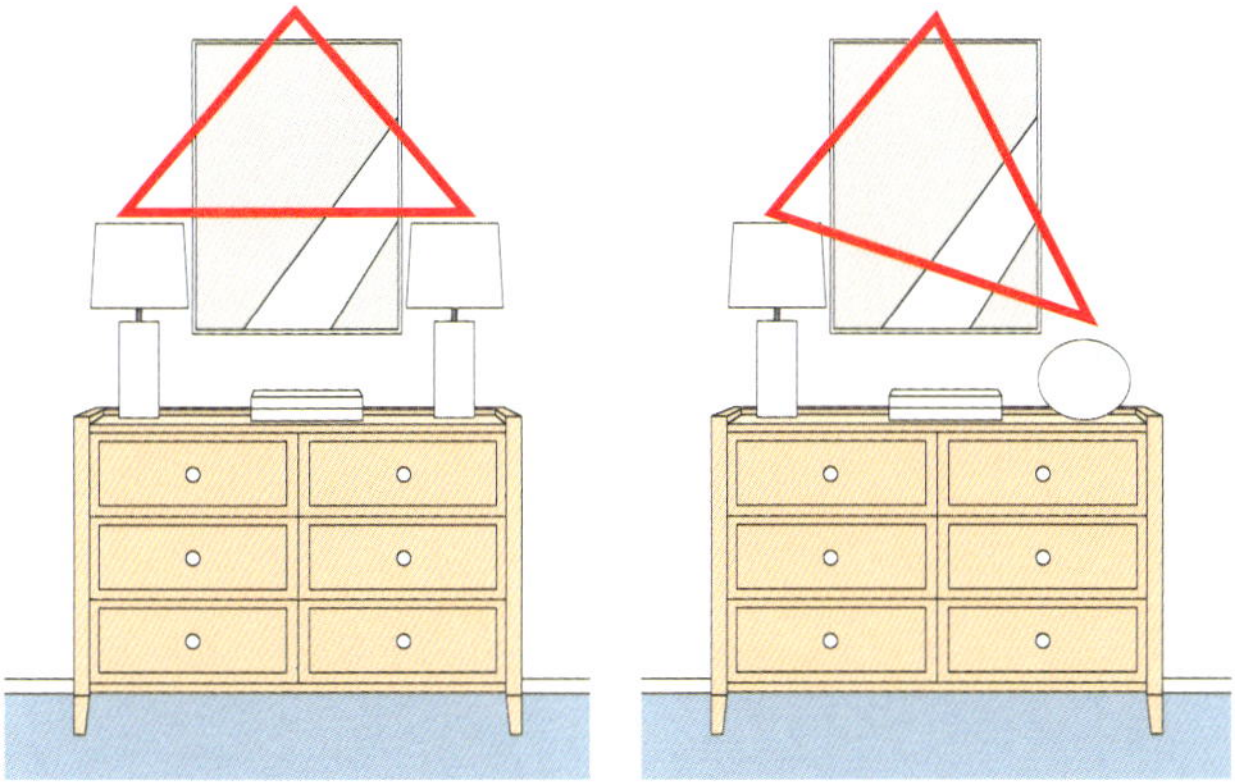

二等辺三角形（左）と不等辺三角形（右）の小物配置。

上のイラストを見てください。

2つとも、ミラーが目線の高さになります。

ミラーの前に、同じ高さのテーブルランプを左右対称に足すことで、二等辺三角形のスタイリングになります。

ミラーの前に、テーブルランプと小物をまとめたトレーなどを足すことで、高さが異なる不等辺三角形のスタイリングになります。

たくさんアイテムを飾りたい場合も、全体として三角形を感じられるとバランスよ

装飾品を集合体で見せるテクニック

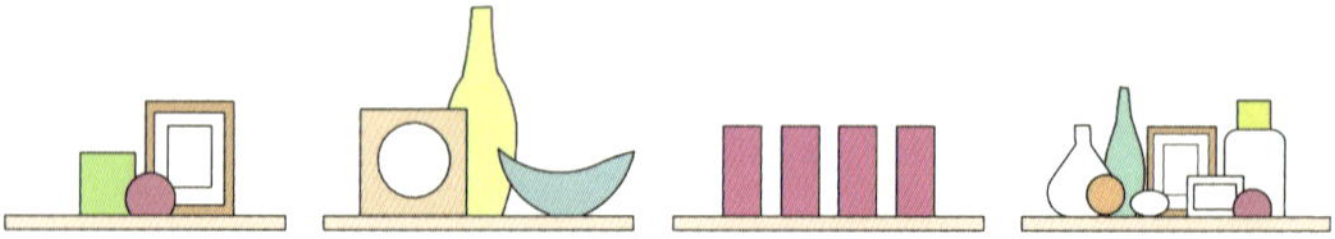

複数のアイテムを集合体でみせる場合の例です。イラストを参考に、自由な発想でデコレーションしてみましょう。

く感じられます。

三角形のスタイリングは、さまざまな場所で印象的な光景をつくってくれます。

コーヒーテーブルの上にキャンドルを置くなら、異なる高さのキャンドルを3本置いてみましょう。

大きさの違うポスターを額装して、3種類床に置くのもいいですね。

▼整然とさせるスタイリング

もう1つが、「整然とさせるスタイリング」です。

インテリアを整然とさせる方法は、同じ大きさのアイテムを複数（3〜4つ）、等

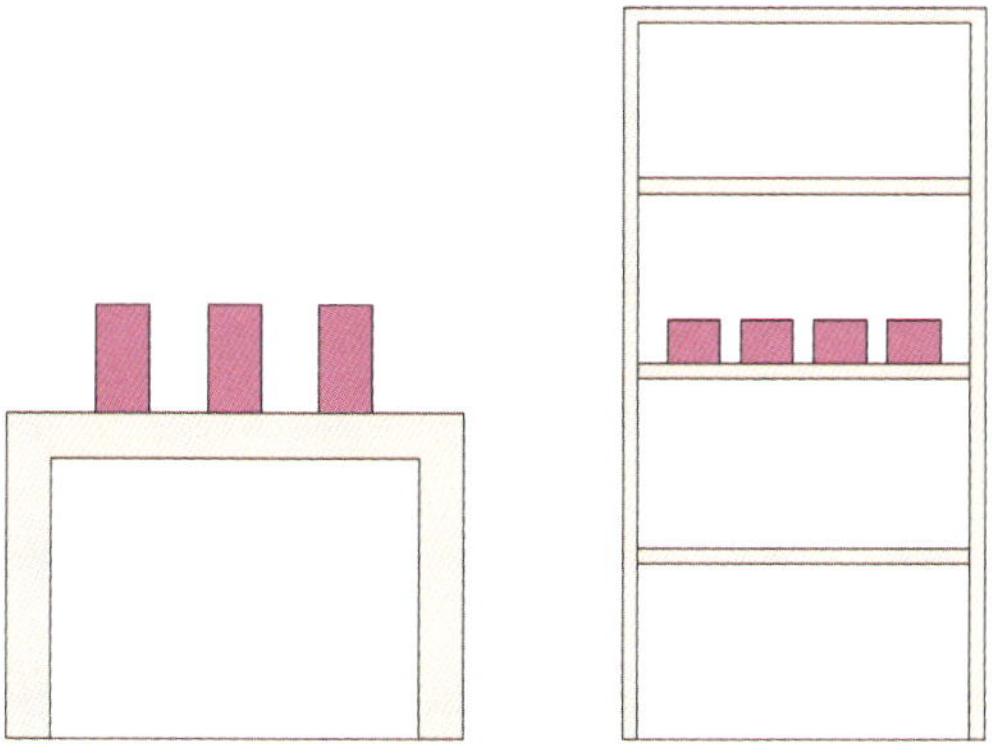

同じ小物を整然と並べたインテリア。

間隔で並べるだけです。

キリッとした印象になり、すっきりした空間が好きな方にもおすすめです。

等間隔の緊張感が苦手な場合は、適宜くずしてもよいでしょう。

少し高さのあるアイテムを組み合わせてジグザグにするのも楽しいものです。

部屋がモノであふれていたり、使う色が多すぎて雑然と感じる場合は、棚を整えてすっきり見せることを意識しましょう。

壁に棚をつける場合、直線的なデザインで存在感のあるモノを選ぶと、整然とした印象になります。その上にたくさんのアイテムを飾っても、雑多にならずすっきりと見えるのは、棚の形が視覚的な安定感をもたらすからです。

何かコレクションがある方や、キッチンを「見せる収納」にしたい方にもおすすめです。

インテリアは育てるもの

たくさんのインテリアのアイデアやノウハウをお伝えしてきました。すぐにできることもあれば、完成までに時間がかかることもあるでしょう。

でも、それでいいのです。

なぜなら、

「インテリアは育てるもの」

だからです。

クッションや本、アートを含め、旅やイベントの思い出も、大切なコレクションです。少しずつ増えていくお土産や写真をうまくインテリアに取り入れれば、空間はあなたや家族の歴史を物語るギャラリーへと変わり、魅力的に育っていきます。

そのように考えると、ダイニングテーブルについた傷やシミさえも大切な家族の思い出となり、新しい家具にはない味わい深いものになりますよね。

インテリアを少しずつ育てることは、経済的な負担を減らすことにもつながります。今年はラグを買おう、来年はここの見せ場を整えよう、再来年はアートを足してみよう、と計画すると、無理なく楽しくインテリアを育てていくことができます。

「本当の好みがわかるワーク」で、モノを足す際の基準が明確になっていれば、買い物の失敗もぐんと減るでしょう。

また、私たちのライフスタイルや価値観は時代とともに変化します。そのときどきの状況に合わせてインテリアに手を加えていくことで、つねに最適な空間をつくっていけます。

それが、あなたのセンスがつまった「私スタイル」の部屋になるのです。

Column 3

片づけと整理収納のこと

「片づけが終わらないからインテリアに手が回らない」という声をよく聞きます。おすすめは、ゴール（＝目指すインテリア）から逆算していくことです。「いつか使うかもしれない」とモノとだけ向き合っていると、捨てられないものが増えてしまいます。そうではなく、「心地いいインテリアの邪魔になる」という別の視点が加わることで、要・不要の判断がしやすくなります。

インテリアを整えつつ、片づけ・整理収納を実践しましょう。そして、ひとまずきれいに片づいたとしても、永遠に整理収納から解放されるわけではありません。日々の生活の中で、自然と新しいモノは増えていきます。

定期的に不要なモノを処分し、必要なモノを整理しなおすことが必要です。

季節の変わり目にはクローゼットを見直しましょう。

たとえば秋冬に向かう季節には、この夏も昨年の夏も一度も着なかった服は処分してもよさそうです。秋冬ものが手に届きやすいように配置がえをしつつ、着る機会がなさそうだな、と思う洋服があったらそれも処分しましょう。

雑誌や書籍、書類なども定期的に処分すれば、空間がすっきりするばかりでなく、自分の持ちものをコントロールできて、心もすっきりします。


家を建てるのはだれにでもできることではありません。

でも、インテリアはだれでも自分で整えられます。そこがインテリアのいいところ。

だれもが何らかの箱の中で暮らしていて、その中でどう暮らすかは住む人次第。

そんな箱を手に入れたからには、ぜひ快適で居心地よく、目も心も楽しくなるような空間をつくりましょう。

自宅では、あなたこそがインテリアデザイナーです。インテリアデザイナーはよりよい収納方法を考えたり、暮らしやすくしていくことも仕事です。

寝る前の数分を片づけのために使う習慣をつけましょう。

定期的に整理収納を見直し、不要なモノを手放しましょう。

忙しい日常の中では、つい家のことを後回しにしてしまいがちです。ですが、一度住まいを整えれば、あとは日々の少しの努力で快適な空間を維持できるようになります。インテリアを整えることは、整理収納問題を解決し、家庭でのストレスを軽減することにもつながるのです。

Chapter 4

「壁」「床」「照明」「カーテン」をちょっと変えるだけ！

―プチリフォームのすすめ―

Ｃｈａｐｔｅｒ２、３は、おしゃれで居心地のいい部屋にするための「足すインテリア」を、「模様替え」という方法でご紹介しました。

このＣｈａｐｔｅｒでは、より大胆に「模様替え」をしたくなった方に向けて、ちょっとした工事をともなう「プチリフォーム」を取り上げます。

とはいえ、それほど大変なことではありません。また、専門業者に依頼する場合や、ご自身でＤＩＹする場合など、ご予算に合わせた方法をご提案しているので、ぜひ参考にしてみてください。

特に効果的なのは、面積が広くて目線がいきやすい場所やモノです。まずは壁から見ていきましょう。

壁のプチリフォーム

▼部屋の印象を変えたいなら、壁紙を変えるのが最強

「部屋に何を置くにせよ、まず壁をどうするか考えよ。
壁こそが家を本当の住まいにするからだ。
何を犠牲にしても壁を優先させなければ、
いかに高価で見映えのする家具を置いても、
その部屋は間に合わせの下宿屋のようになってしまうから」

ウィリアム・モリス（イギリスのデザイナー）

壁紙を変えると言うと、とても大がかりに感じるかもしれませんが、壁の印象を変える方法は大きく分けて、次の4つです。

①専門業者に頼んで、壁紙を張り替えてもらう
②自分で、壁紙を張り替える
③専門業者に頼んで、ペンキを塗ってもらう
④自分でペンキを塗る

ご予算に余裕があれば専門業者に頼むもよし、ゆっくりと時間をかけてご自身でＤＩＹするもよし。

後者なら大きな達成感を得ることができますし、部屋により愛着が湧くのではないでしょうか。

どの方法も、ひと部屋程度なら1〜2日で終わる工事です。

「足すインテリア」では、壁は「背景」としての役割を果たします。その前に置くソファやコーヒーテーブルなどのアイテムが壁と重なり、まるで1枚の絵のような美しいビジュアルを生み出します。

その絵の一番奥にあたる壁は、どんな色にすると「私好み」ですてきに見えるでしょうか？

他のアイテムと相性のいい色を選べば、淡い水色やクリーム色のような控えめな色でも、十分に効果を感じられるはずです。

壁紙を替えるメリットの1つは、壁紙自体で独特の雰囲気をつくれることです。色や柄が強い壁紙は、背景だけでなく主役としても活躍します。また、リーズナブルな家具や、他のアイテムとの組み合わせがイマイチだと感じていた家具も、気にならなくなる効果があります。

色や柄が強い壁紙は主役となって空間の雰囲気を決める。

さらに、**色や柄のある壁紙には、部屋が少しちらかっていても気になりにくいというれしい効果もあります**。これは、白い服のシミが目立つのに対し、柄物の服では目立たないのと同じ「錯視《さくし》効果」によるものです。

日本では白っぽい壁が一般的なので、印象的な壁紙に変えるだけで「新しくておしゃれ」な雰囲気が生まれます。他にうまくフォーカルポイントをつくれない場合でも、壁紙がその役割を果たしてくれるでしょう。

部屋には壁が4面ありますが、すべて張り替えるのは大変ですし、少し勇気がいりますよね。その場合、まずは隣り合う2面からはじめるのがおすすめです。

その2面とは、Ｃｈａｐｔｅｒ2で紹介した、フォーカルポイントをつくるのによいところ＝ドアを開けたときに目に入りやすい**「対角線の角をはさむ2面」**（80ページ）です。その2面を張り替えると、部屋の第一印象がその色や柄で決まります。

また、1面だけを違う色や柄にする方法も人気で、「アクセントウォール」と呼ばれています。この場合も、最初のフォーカルポイントとなる壁を選ぶのがポイントです。

▼自分で張り替えるなら、輸入壁紙がおすすめ

国産のビニール壁紙は、なんといっても価格の手ごろさが魅力です。材料費は1メートルあたり1000円以下のモノが主流で、幅92センチの壁紙は平米換算で約1090円ほどです。専門業者に工事を依頼しても意外と安く済みます。

最近では、ビニール製でも質感が自然に感じられるものが増えてきました。色も豊富になり、柄も木目調、石目調、タイル柄、花柄、小紋柄など、デザインのバリエーションが以前に比べて増えています。さらに、和紙など高価な壁紙も登場し、選択肢が広がっているのもうれしいポイントです。

ただし、国産のビニール壁紙は92センチ幅が主流で、プロが張ることを前提につくられています。個人では扱いづらいサイズなので、自分で張り替える場合は幅が狭いタイプを選ぶのがおすすめです。

DIYショップには、肩幅サイズの壁紙や、あらかじめノリが付いている便利なタ

イプも販売されていますので、検討してみてください。

国産品より少しコストはかかりますが、私のおすすめは断然、輸入壁紙です。52センチなどの肩幅サイズが主流で扱いやすいだけでなく、発色が美しく、素材感も上質です。さらに、幾何学模様、ボタニカル柄、ダマスク柄、シェブロン柄、ペイズリー柄、抽象柄、ラメ入りなど、デザインの選択肢が豊富で、国産品よりもデザイン面で優れているのが魅力です。

張り方がわからない場合は、ユーチューブで「壁紙　張り方」などと検索してみてください。動画を参考に、まずは1面からチャレンジしてみるのがおすすめです。

自分で張り替えれば部屋への愛着も一層深まることでしょう。

ボタニカル柄。

花柄。ストライプ柄と合わせれば柄×柄のコーディネートもしやすい。

▼ペンキなら、どんな色も自由自在

壁の印象を大きく変えるにはペンキを塗るのもおすすめです。

壁紙にできてペンキにできないもの、それは「柄」です。一方、ペンキにできて壁紙にできないもの、それは「どんな色でも自由に選べること」です。


たとえば、「ベージュ」と言っても、ペンキなら微妙な違いで何十種類もの色がありますし、自分で色を混ぜてオリジナルの色をつくることも可能です。まるでキャンバスに絵を描くように、好きな色で壁をデザインできます。


さらに、ペンキは壁紙よりも手軽にDIYできるのがポイント。あとで模様替えしたくなった場合も、上から色を重ねるだけでかんたんに新しい雰囲気をつくれます。

表面が特殊加工されている壁紙を除けば、壁紙の上からペンキを塗ることができます。壁紙をはがす必要がないのでゴミが出ない点も、ペンキならではの魅力です。

ペンキの塗り方もユーチューブで「ペンキ　塗り方」と検索すれば、たくさんの情報が見つかります。また、一部のペイントメーカーでは、ペンキの塗り方教室を開催しているので、それを利用するのもよい方法です。

イギリスでは日本で主流の白い無地の壁紙をほとんど見かけません。白い無地にするなら、ペンキで塗るのです。これは、ペンキのほうが壁紙よりも安価なため、わざわざ壁紙を選ぶ理由がないからです。

一方、日本では状況が逆で、ペンキよりも安い壁紙をつくる技術が発展しています。そのため、壁紙が一般的で、白い無地調の壁紙が豊富にあります。また、業者の方にとって、ペンキに比べて「安い、早い、かんたん、きれい」に仕上げられるのが、日本のビニール壁紙の特徴です。

▼賃貸でも壁紙は替えられる!?

「壁紙を張り替えたいけど賃貸だから」とあきらめている人は多いと思います。

退去するときに「原状回復義務」が課せられるため、元の壁紙をはがしてしまったら、その分の費用を請求されてしまう、というのが理由でしょう。

ですが、壁紙は年数とともに少しずつ価値が下がっていき、6年で価値がゼロになる、という考え方があります。

そのため退去時の原状回復費用については、「住みはじめて6年以上経って退去した場合、経年劣化による修繕費用は家主持ちになる」という運用がなされていることが多いと言えます。

これは、国土交通省が発表している『現状回復をめぐるトラブルとガイドライン』に示されています。

つまり、前の住居人が6年以上住んだ場合、よほどきれいなケースは別として、大家さんは壁紙を張り替えるのです。どのみち張り替えるなら、いま、**好きに張り替えてもいい可能性がありますから、まずは大家さんに相談してみてください。**

大家さんも借りてくれた人が居心地よく、長く住んでくれることを望んでいる場合が多いですから。

前述したように私も賃貸住宅ですが、大家さんに相談したうえで、壁紙の張り替え以外にも、棚をつけたり、モールディング（壁や天井の境目などに装飾として施される細長い立体的な装飾材）をつけたり、海外製の食洗機を入れたりと、いろいろ手を加えています。

▼張ってはがせる壁紙を使う

最近では「壁紙の上から張れる壁紙」もあります。

これは、まさに「賃貸に住んでいて、自由に壁紙を変えたりできない」と残念に思っている方に向けて開発されたもので、張るのがかんたんなうえに、もともとの壁紙に傷をつけずにはがすこともできます。

こうしたものを使って、賃貸だからこそ、壁紙を自由に張り替えてみましょう。

いざ自分の家を建てたら、やっぱり無難なデザインを選んでしまうかもしれません。

賃貸のうちにいろいろ試して、インテリアのセンスを訓練しておく、という考え方もいいのではないでしょうか。

たとえば、ピンクや赤など、大胆な色の部屋に挑戦しておくことで、濃い色の壁紙を恐れず楽しむ感覚を養えます。

カーテンのプチリフォーム

▼天井を高く見せるカーテンマジック

壁と同じように視線に入りやすいのがカーテンです。

部屋の雰囲気を気軽にガラリと変えることができるカーテンに加えて、ここでは一歩踏み込んで、より窓まわりの空間をすてきに見せる方法についてお伝えします。

カーテンによる見え方の違い

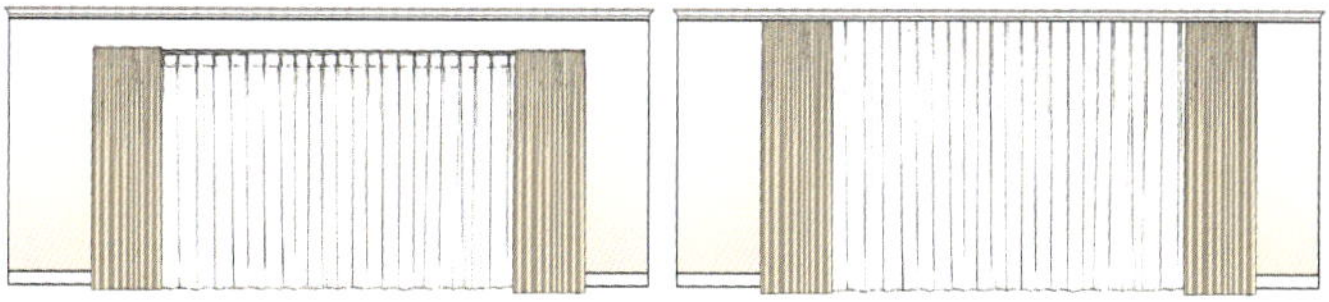

右は高い位置から吊ったカーテン。天井が高く見えて、エレガントでかっこいい。

上の2つのイラストを見比べてみてください。

この2つは同じ窓です。

しかし、カーテンの吊り方によって、見え方がまったく違うと思いませんか？

「カーテンは、なるべく高い位置から床までの長さにする」のは、インテリアデザイナーとして、私ができるかぎり実践していることです。

その理由はご覧いただいた通りで、そのほうが天井が高く見えて、エレガント、そしてかっこいいからです。

一方で、かわいらしい雰囲気にするなら、小さめにするのもいいでしょう。

カーテンは縦ラインを強調できる貴重なアイテムです。
日本の家は天井が低いと嘆く人が多いのですが、**カーテンを低い位置に吊ると、ただでさえ低い天井をより低く見せてしまいます。**

現在主流となっている、窓のサイズに合わせる方法は、戦後まだ「デザイン」という考えがほとんどなかった時代のもの。その考えにとらわれず、自由に窓まわりをデザインできるとインテリアの楽しみも広がります。

なお、カーテンを高くするには、カーテンレールの位置を変える必要があり、レールを支える下地の確認が必要です。

▼目からウロコの「飾りカーテン」

カーテンを大きくつくるとなると、その分価格も高くなってしまいます。

そこでおすすめなのが、**「飾りカーテン」**です。初めて聞く人が多い言葉かもしれません。

飾りカーテンとは、窓まわりをすてきに演出するための、文字通り「飾るだけのカーテン」です。

窓の端にすてきな布地を伸びやかに吊り、閉めることのないカーテン。これなら布地を使う量が少ないので、その分いい生地を使うこともできます。

カーテンは、開けているときと閉めているときで、見える面積が大きく変わります。たとえば、赤いカーテンを差し色にしたいと思っても、閉めると部屋が真っ赤になってしまい、差し色としての効果が失われてしまいます。

この問題を解決してくれるのも「飾りカーテン」です。

実際に閉めるカーテンはロールスクリーンや手頃な価格のカーテンにし、飾りカーテンを一部に重ねることで、窓まわりをよりすてきに演出できます。

飾りカーテン　通常のカーテン

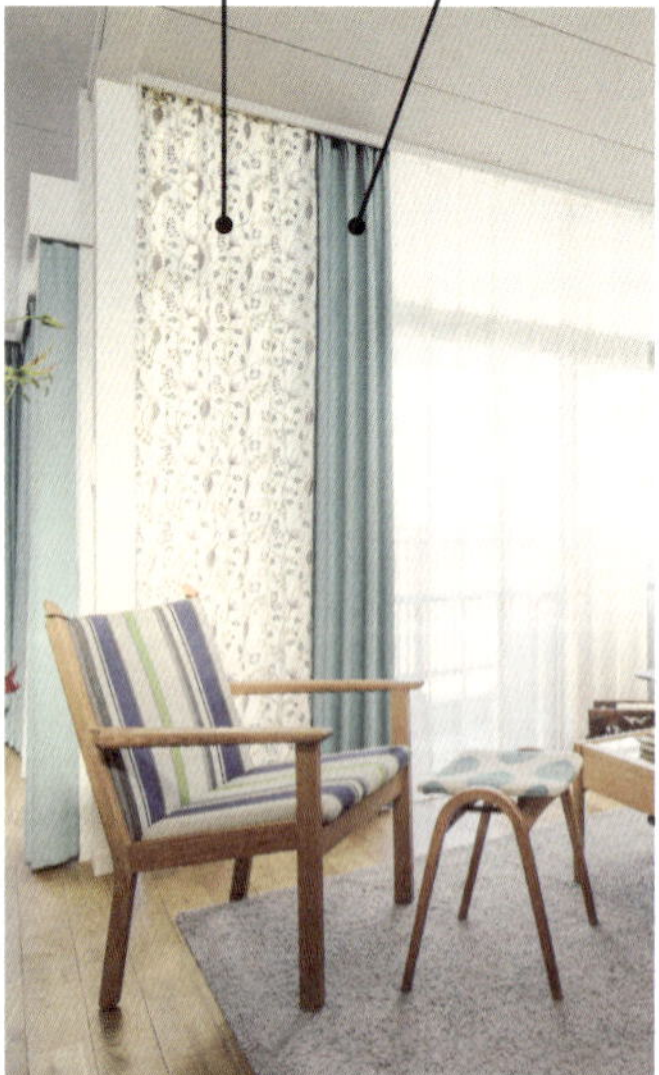

↑実際の開閉はブラインドで、赤い飾りカーテンは端に吊るしているだけなので、真っ赤な部屋にならず、アクセントとして赤を楽しめる。

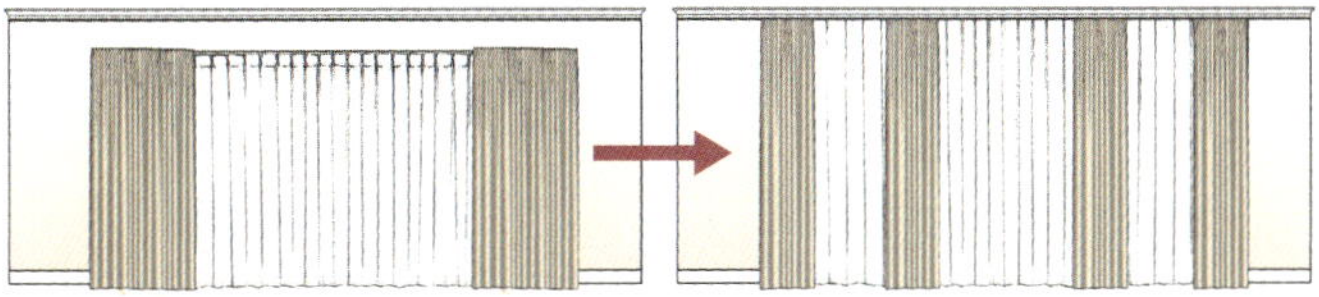

横に広い窓の場合、カーテンだまりを4箇所にすると開け閉めも楽で、違う色のカーテンを使うなどアクセントにもできる。

また、窓が横に広い場合、実際の窓サイズに合わせてカーテンをつくると開け閉めも大変ですし、カーテンを開けたときに左右にカーテンがたまる量も多くなって、あまりかっこよくありません。

そのような場合に、**カーテンがたまる箇所（カーテンだまり）を左右2箇所ではなく4箇所にすることで、おしゃれにも見えるし、開け閉めもしやすくなります。**

「カーテンは両側に開くもの」という常識を捨てるだけで、柔軟な発想ができるようになります。

インテリアコーディネーターの方にもお話ししている上級者向けの方法なのですが、実践はそんなに難しくありませんので、ぜひお試しください。

▼窓まわりを魅せる「ウィンドウドレッシング」

腰高の窓であっても、床までの長さでカーテンをつくったほうがすてきに見えることが多いもの。

腰高の窓の下に家具を置く場合は、家具の両側に垂れるように飾りカーテンを吊るすと、家具がアートのように見え、カーテンがその額縁のような役割を果たすため、バランスのとれた演出ができます。

また、左右に開くカーテンではなく、上下に開くシェードやロールスクリーン、ブラインドを選べば、すっきりとした印象に仕上がります。

シェードはひだがないので、生地の柄を楽しむこともできます。

ブラインドは光の入り具合を調節できる他、横のラインを強調するため、その規則性がすっきりした空間にも向いています。ウッドブラインドにすれば、木の風合いを楽しむこともできます。

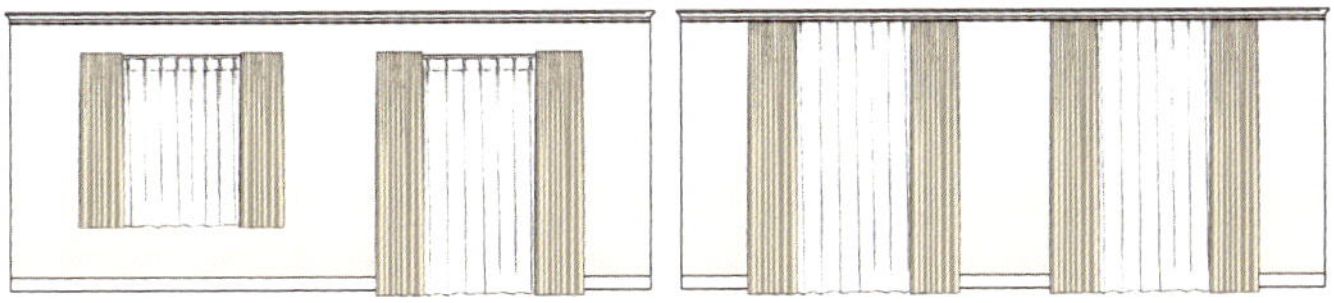

同じ腰高の窓でも、カーテンを吊る高さを変えると雰囲気が変わる。

イギリスでは窓まわりをドレスアップすることを「ウインドウドレッシング」と言うことがあります。機能面はもちろんですが、より装飾的な視点を重視するニュアンスの言葉です。

日本で一般的な「窓のサイズに合わせてカーテンを選ぶ」というシンプルな感覚とは少し異なるアプローチと言えるでしょう。

▼カーテンの色や柄の選び方

ところで、どんな色や柄のカーテンを選べばいいのか悩むことはありませんか？

壁の前に置くモノが重なりあって1つの絵のようなビジュアルをつくるわけですから、カーテンも壁紙同様に背景（背景の一番向こう側）になります。

であれば、カーテンと壁を同じ色にするのもいいでしょう。色が主張しなくても、スタイルや素材がいい感じに主張してくれます。

また、窓を目立たせたくない、目立つ必要がない場合も、壁とカーテンは同じ色合いがおすすめです。

一方、花柄やボタニカル柄など、印象的な色柄にすれば、カーテンが主役になります。壁紙を張り替えるのは勇気がいる、という方もカーテンなら取り入れやすく、色や柄を足すことで空間をイキイキとさせることができます。

インテリアに物足りなさを感じている場合にもカーテンで解決することができます。さらに、カーテンと同系色や反対色など相性のいい色をクッションやベッドカバーなどに足していくと、物足りなさが解消され、バランスよく整っていきます。

床のプチリフォーム

▼フローリングの色をかんたんに変えたいとき

「白っぽい部屋にしたいのに、床が茶色だからなぁ……」
「グレイッシュな部屋にしたいのに、床の色が明るすぎる」
「全体をヴィンテージ風にしたいから床も変えたい！」

床も面積が大きいので部屋の雰囲気に大きく影響します。しかし、フローリングを張り替えるには、まず部屋のモノを撤去しないといけませんし、工事費と材料費もかかりますから、なかなか大変です。

そこで、かんたんにできる方法があります。

いまのフローリングをはがさず、上に何かを張ればいいのです。床のモノを部分的に移動しながらできるため、手間も費用もそれほどかかりません。

接着剤を使わず裏面の吸着加工で置くだけでいい商品もあるので、賃貸でも気軽に変えることができます。

たとえば、東リの「ピタフィー」という商品なら、わずか数ミリの厚さなのでハサミやカッターでカットでき、ＤＩＹでも難しくはありません。厚みのせいでドアの開閉ができなくなる、ということもありません。

素材は塩ビ系のモノが多いのですが、印刷技術の発達で、風合いよく見えるものが増えてきました。

実際、最近はフローリングも木目を印刷した薄いシートを張ったモノが多いので、表面の見た目はフローリングとそれほど変わらないモノもあります。

木目以外にも大理石などの石目調、モルタル調など色もデザインも豊富にあります。ピタフィーなどはアマゾンでも購入できますので、いろいろ探してみてください。

▼部屋らしい温かみを加えてくれるカーペット

床にカーペットを敷く方法もあります。カーペットは床材としてなかなか優秀で、音を軽減しますし、ホコリが目立たず、舞い上がりません。ホテルの客室のほとんどがカーペット仕上げになっているのはそのためです。

やわらかいので安全面にも優れていて、特に転びやすい高齢者や小さいお子さんがいるお宅にはおすすめです。やわらかい質感は、視覚的にも感覚的にも部屋らしい温かみをもたらしてくれます。

フカフカのカーペットなら、見た目や触り心地のグレード感もアップします。ただし、カーペットは厚みがあるので床に少し段差ができ、開き戸の場合は開閉できなくなってしまうこともあり、注意が必要です。そのような場合は全体に敷き詰めるのではなく、部分的に敷くラグにするのもいいでしょう。

「タイルカーペット」を敷くという方法もあります。タイルカーペットは、50センチ

×50センチなど正方形の小さなカーペットのことで、何枚もタイル状に組み合わせて部屋に敷き詰めていきます。

タイルカーペットのいいところは、汚れた部分だけを洗ったり交換したりできる点です。ペットがいるお宅では、ペットが粗相をしてしまった場合に、汚れた部分だけ洗えるので、楽に清潔感を保てます。足がすべりにくいという点でもカーペット類はフローリングよりペットに優しいと言えます。

▼ラグで部分的にイメージを変える

ラグはカーペットと違って、部屋の一部に敷く、小さなサイズの敷物です。

ラグは「何のために敷くの?」と聞かれることも多いのですが、ラグにもある程度、カーペットと同様、ホコリが飛びにくい、すべりにくい、温かみをもたらすなどの効果があります。

チェック柄、ダイヤ柄、オリエンタル柄、アニマル柄などさまざまなデザインがあり、部屋の色合いを強調したり、個性や新しい色を加えたりしたい場合にも役立ちます。

ソファなど大きな家具がベーシックな色の場合、ラグに色を使うと目にも楽しい空間になります。クッションなどとカラーコーディネートもできるといいですね。

ラグを足すことで見せ場としての完成度が高まる。

既存の床の色がイマイチと思っていたとしても、大きめのラグにすれば、床の色がそれほど気にならなくなるといううれしい効果があります。

「センター敷き」といって、より大きく敷く方法もあります。全体的に敷き詰めるのではなく、周囲を少し空けて敷く方法です。

そうすると大きさ的にもカーペット同様の効果が期待でき、かつ周囲が額縁のようになり、室内に動きも加わります。

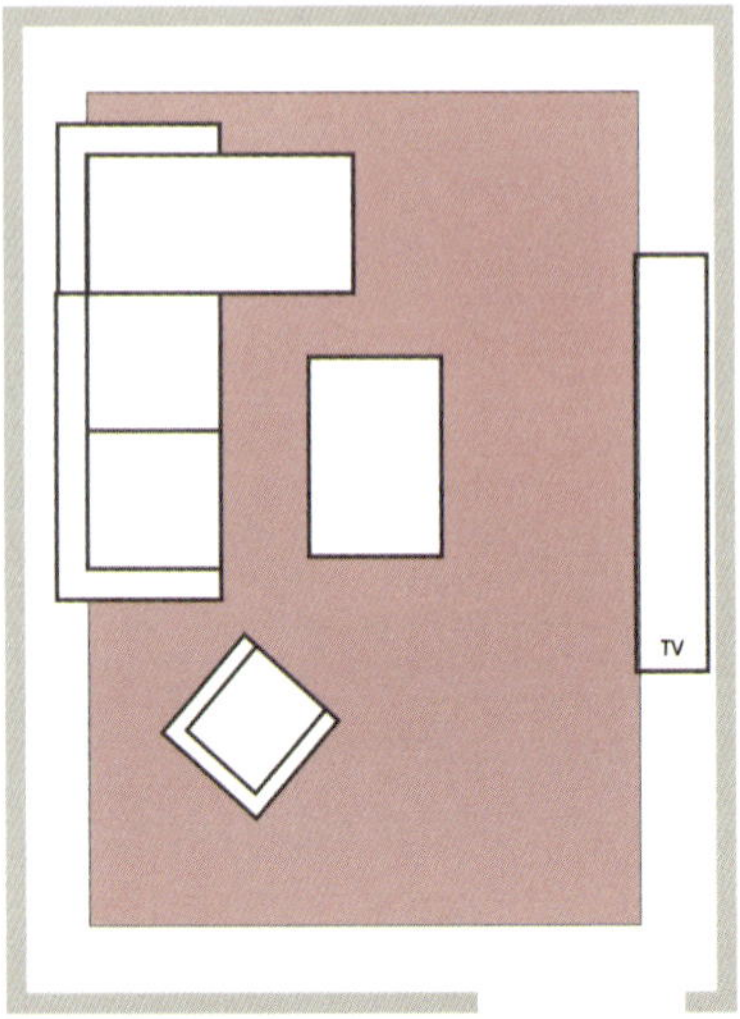

センター敷きの例。ラグの周囲が額縁のように残るのが特徴。

ラグはできれば大きめを選びましょう。

大きいラグは、テーブルの上のお皿をまとめてくれるランチョンマットのように、全体を「まとめる」効果が期待できるからです。お皿の種類がバラバラだったとしても、ランチョンマットがあれば気にならなくなるのと同様に、ラグも敷くことでその上にあるモノをいい感じにまとめてくれます。

リビングエリアとダイニングエリアにそれぞれ大きめのラグを敷いて「ゾーニング」する敷き方もあります。

ゾーニングは、広い空間を間延びしないように引き締めてくれます。また、まとまりができることによって、視線が落ち着きます。

日本ではダイニングテーブルの下にラグを敷くことは少ないですが、イギリスなど西洋では一般的です。ラグを敷くのは、古い建物の床を保護する、足元を快適にする、静寂な室内をつくる、テーブル周りを華やかに演出するなど、機能と装飾を兼ね備えた方法だからです。

一方、日本人は清潔であることを最優先にしますので、ダイニングテーブルの下にラグやカーペットを敷くことに抵抗がある人が多いということもよくわかります。

食べ物をこぼした場合の汚れなどが気になりますよね。

定期的なクリーニングは必要になりますが、もしダイニングにもラグを敷きたい場合には、ダイニングテーブルの端よりもそれぞれ最低60センチほど大きめにしましょう。イスに座ったときに足元に段差ができず、快適に過ごすことができる大きさです。

日本で一般的なのは、ソファまわりのみに敷く方法です。

ラグの大きさは、ソファの長さが２００センチの場合それより大きい２４０センチ程度のものを選びましょう。

ソファの前脚が乗り、コーヒーテーブルの向こう側にも同じくらいの分量でラグが敷かれているのが、シンメトリーになる、バランスのよい敷き方です。

空間が物足りない、でもすっきりした空間が好み、という方にもラグはおすすめです。

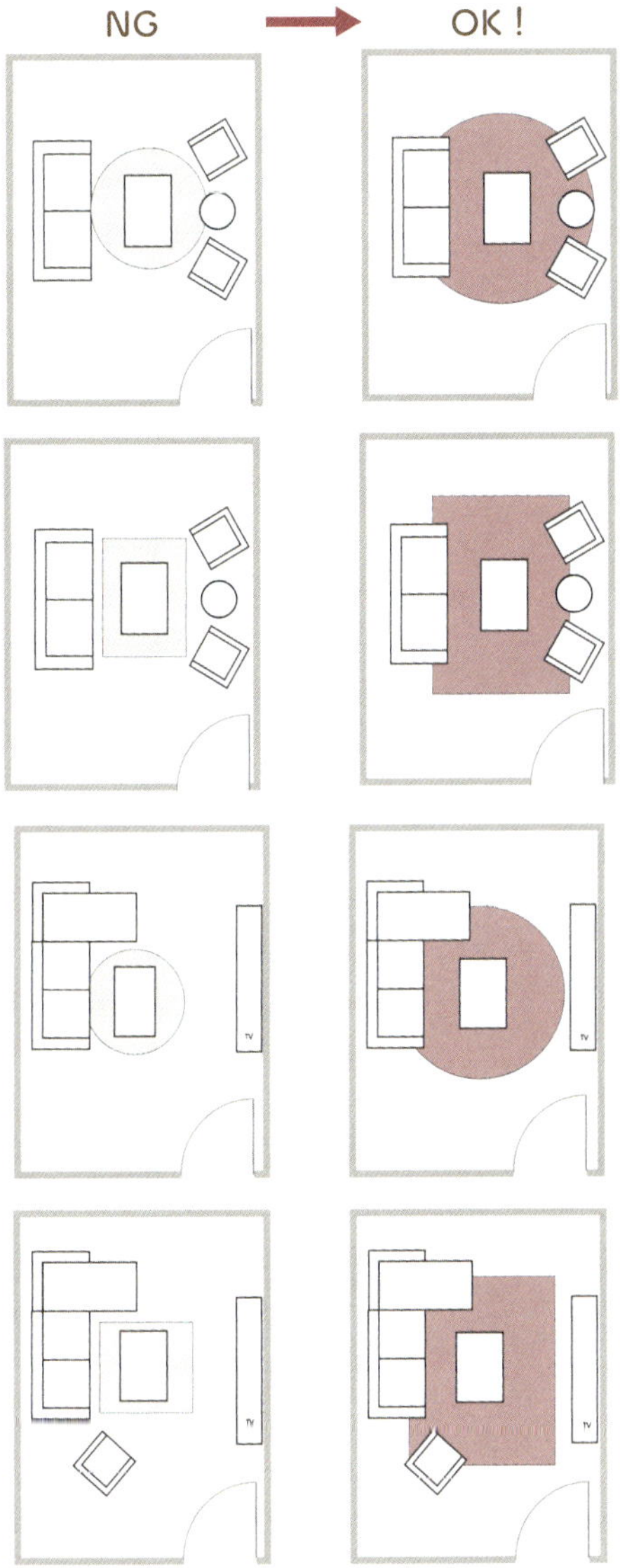

ラグの敷き方の例いろいろ。思うより大きめサイズがポイント。

家具を増やすことなく、部屋をすっきりとさせながらも、ラグを足すことで温かみや色、柄が加わり、インテリアの完成度が高まるからです。

照明・電気関係のプチリフォーム

▼コンセントを増やしたいですか？

「使いやすい家にするためにコンセントを増やしたい」

「ダイニングテーブルとペンダントライトの位置が合っていないので、ペンダントライトの位置を変えたい」

など、電気関連のことで何か不満はありませんか？

壁紙を張り替えるときは、電気工事をするのに一番いいタイミングです。電気の配線は壁の中にあるので、電気工事をしようとすると必然的に壁紙を傷つけることになります。壁紙を張り替えるときなら後から穴を埋めて新しい壁紙を張るので、電気工事がしやすいです。

壁紙の張り替えの際、専門業者にぜひ相談をしてみてください。

電気工事でできることの例を挙げてみます。

・コンセントを増やす
・コンセントの位置を変える
・天井の照明用コンセントの位置を変える
・天井面にライティングレールを取り付ける
・シーリングライトをダウンライトに変える
・アートを照らすためのスポットライトをつける
・ウォールライト（壁付けの照明器具）を付ける

・間接照明を部屋に組み込む
・入り口のスイッチで複数の照明がつくようにする

最後のスイッチの例は、ホテルの照明を想像してみてください。入り口でフロアーランプやベッドサイドのランプなどをつけることができますよね。

同様にリビングでも入り口のスイッチ1つで、テーブルランプやフロアーランプをつけられるようにしておくと、便利です。

まさに「ホテルライク」です。

＊＊＊＊＊

本書では「足すインテリア」というコンセプトのもと、インテリアデザインのノウハウやセオリーをできる限りお伝えしました。

いまはＳＮＳなどでかんたんにすてきなインテリアの事例を見ることができます。ぜひこのノウハウをいい事例、あるいは悪い事例に当てはめて研究してみてください。きっとあなたのセンスはどんどん磨かれることでしょう。ただし、それは「知識」と結びついたセンスです。

そして、あなたの個性というセンス。これをぜひ発揮してあげてください。あなたはすでにすばらしいセンスを持っています。それを発揮できるキャンバス（住まい）もあります。

おわりに

すてきなインテリアを実現することは、誰にとってもチャンスがあり、少しの知識があれば、それほど難しくはありません。

そのことを皆さんにお伝えしたくて、この本を書きました。

本書では、どの国でも通用する「考え方」と、日本で比較的簡単に試せる「方法論」をご紹介しました。すでに実践したクライアントや講座の受講生の方から、「家が大好きになった」「家で心地よく過ごす時間が増えた」という感想をいただくと、本当にうれしく感じます。

次は読者の皆さんの番です。インテリアとは単なる「飾りつけ」ではなく、日々の生活の質を向上させ、毎日を豊かにするための工夫です。

ここでお伝えした考え方をベースに、皆さん自身の個性やアイテムを足して、「唯一無二の居心地のいい空間」をつくる喜びを感じていただけたら、著者としてこれ以上幸せなことはありません。

たった一度の人生です。

「家が大好き」と言えるようなインテリアで、心豊かに暮らしてください。

皆さんのインテリアデザインの旅が、人生を彩るすばらしい体験となることを心から願いつつ、筆を置きたいと思います。

最後までお読みいただき、ありがとうございました。

飯沼朋子

飯沼朋子（いいぬま・ともこ）

インテリアデザイナー　株式会社デコール東京 代表取締役
神奈川県茅ヶ崎市生まれ。聖心女子大学卒。総合商社勤務を経て、建築、インテリアを学び、インテリアデザイン事務所勤務ののち独立。途中イギリスに留学し、インテリアデザインのPost Graduate Diploma（英国政府機関認定学位）取得。同時に英国インテリアデザイン協会（BIID）メンバーとなる。リノベーションやインテリアコーディネートを手がけるとともに、英国流メソッドを学べる「美スタインテリアデザイン塾」を主宰。延べ2000人以上にインテリアのノウハウを伝える。テイストを問わず「おしゃれで居心地のいい部屋」をつくるインテリア術は、多くの人の共感を集めている。

デコール東京
https://decoor.jp

美スタ インテリアデザイン塾
https://www.bista.jp/

イギリス人の部屋は
なぜ物が多くても素敵なのか

2025年3月31日第1刷発行

著　者　飯沼朋子

発行者　矢島和郎

発行所　株式会社飛鳥新社
〒101-0003東京都千代田区一ツ橋2-4-3
光文恒産ビル2F
電話(営業)03-3263-7770(編集)03-3263-7773
https://www.asukashinsha.co.jp

ブックデザイン　原田恵都子（Harada＋Harada）

印刷・製本　中央精版印刷株式会社

落丁・乱丁の場合は送料当方負担でお取り替えいたします。
小社営業部宛にお送りください。

ISBN978-4-86801-070-8　©Tomoko Iinuma

編集担当　江波戸裕子